고인돌과 출토유물의
사람형상

고인돌과 출토유물의 사람형상 下

발행일   2020년 8월 3일

지은이   유자심
펴낸이   유영미
펴낸곳   인왕출판사
출판등록 2015-000335
주소   서울시 마포구 상암산로 1길 24, 404동 1001호
전화번호 02-308-2356   팩스   02-308-2356

ISBN   979-11-956665-5-3 03900

고인돌 연구가 유자심과 함께하는 전국 고인돌 탐방기

고인돌과 출토유물의 사람형상 下

유자심 지음

인왕출판사

글을 시작하며

고인돌이 고도로 발달한 문명의 산물이라면, 여기에서 출토된 유물에서도 그 증거가 발견되어야 할 것이다.

그러나 기존 이론에 따르면 출토된 유물들은 철기가 사용되기 이전의 낮은 단계의 문명으로 해석되는 석기, 토기로 구성돼 있어 모순된다. 필자는 출토유물들을 의도적으로 매몰해 놓았을 것으로 추정했는데, 이 추정이 맞는다면 발전 단계에 일치하도록 수준을 조절했을 수 있다.

무명비나 김해 구산동고인돌이 땅속에서 발굴되었듯이, 유물을 의도적으로 땅속에 매몰해 놓았을 수 있다. 그렇다면 그 증거를 발견할 수 있을 것이다.

2부에서는 먼저 출토유물의 용도와 제작 방법에 대한 기존 설명에 오류가 있음을 살펴보고, 유물의 실체를 밝혀 보고자 한다. 이 과정에서 고인돌이 생명형상을 표현하고 있듯이, 유물도 생명형상을 표현하고 있음이 드러날 것이다.

고인돌에서 출토되는 것과 유사한 유물들이 무덤이나 주거지, 조개무지 등의 유적지에서도 출토되므로, 이에 대해서도 살펴보기로 한다. 한편, 신석기 시대 유물과도 연결되므로 신석기 시대 출토유물도 함께 살펴보기로 한다.

이 과정에서 유물을 의도적으로 매몰해 놓은 것인지도 자연스레 드러날 것으로 판단된다.

(박물관에 전시된 유물 중, 출토지를 확인하지 못한 경우도 있는데, 이때는 박물관명만 적기로 한다.)

2부

출토유물의 사람형상

11장

유물의 용도와
제작 방법의 의문점

신석기 시대나 청동기 시대의 유물은 생활에 필요한 물품, 농사용 도구 등으로 규명되는데, 규명된 용도에 일치하지 않는 것이 다수 있어 의문이다. 많은 시간과 노동력을 소요해 돌을 갈아서 돌검, 반월형 돌칼, 가락바퀴, 돌도끼 등을 제작한 것은 그들의 용도 때문인데, 그 용도에 대한 설명에 의문점이 있다.

규정된 용도와 일치하지 않는 고대 유물들은 제작 과정 또한 기존의 이론과 다름을 암시한다. 원시 시대이므로 단순한 수작업으로 제작했을 것으로 추정하는데, 용도가 단순하지 않듯이 제작 방법 또한 단순 수작업이 아닐 수 있다.

돌검, 반월형 돌칼, 석제 가락바퀴 등을 갈아서 제작했다고 하는데, 갈아서 만들려면 많은 시간이 소요될 것이다. 고인돌 제작 당시가 수렵과 채집 위주의 소규모 집단이었다면 생산력이 미약할 것인데, 그만한 시간적 여유가 없었을 것이므로 모순된다. 돌을 갈아서 가락바퀴처럼 얇고, 완전한 원형으로 제작하기 매우 어려울 것이다. 특히 손잡이 있는 돌검이나 다양한 형태의 돌화살촉을 갈아서 제작하는 것은 불가능해 보인다.

이들을 갈아서 제작하였다는 학계의 설명은 상식적으로 납득하기 어렵다.

유물의 용도와 제작 방법의 의문점을 살펴보자.

1. 반월형 돌칼

　반월형 돌칼은 벼의 추수를 위한 농사용 도구라 설명한다. 국립광주박물관에 게시된 용도에 대한 설명 사진을 보자. 한 손만 사용하면 효율성이 현저히 낮을 것인데, 추수 시기가 지나면 안 되는 곡식을 이렇게 한가하게 수확했을까?

　벼를 한 손으로 추수하는 것이 효율적이지 않으며, 더구나 다수의 반월형 돌칼은 날 부분이 두꺼워 칼의 기능과 맞지 않는다. 곡식의 추수용으로 제작한 것이 아닌 듯하다.

광주박물관

　국립김해박물관에 전시된 다음 돌칼은 너무 두껍고 뭉툭해 위의 방법으로 벼를 자르기 어려워 보인다.

마찬가지로 국립전주박물관의 다음 돌칼도 날 부분이 뭉툭해 곡식을 추수하기 어려워 보인다.

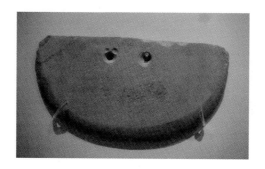

다음 돌칼들은 폭이 좁아 손으로 쥐고 위의 설명 방법대로 곡식 줄기를 자르기 어려워 보인다.

경희대학교 박물관

국립청주박물관

두 구멍이 막혀 있다(이융조 외, 『선사유적 발굴도록』, 충북대박물관, 1998).

다음 반월형 돌칼은 두 구멍이 막혀 끈을 끼울 수 없다.

이는 반월형 돌칼이 추수용 도구가 아님을 방증한다.

많은 반월형 돌칼의 칼날 부분이 뭉툭하고 날카롭지 않아서 추수용 도구가 아님을 나타낸다. 더구나 한 손만 사용해 수확하면 효율성이 현저히 낮아지는 데, 원시 사회라 하지만 한 손만을 사용해 수확하는 도구를 사용했다는 것은 설득력이 떨어진다.

용도에 대한 기존의 설명이 타당하지 않을 수 있음을 시사한다.

반월형 돌칼을 갈아서 제작했다는 설명도 의문이다. 돌을 얇게 갈려면 많은 시간이 소요될 것이다. 반월형 돌칼에 그어진 선들은 수작업으로 갈아서 제작했다는 설명에 의문을 제기한다. 석기를 이용한 수작업만으로는 이처럼 선을 그을 수 없을 것이다. 날카롭고 강한 금속 도구의 존재가 필수로 보인다.

숭실대학교 박물관 도록에 실린 반월형 돌칼에 날카로운 선이 그어져 있다.

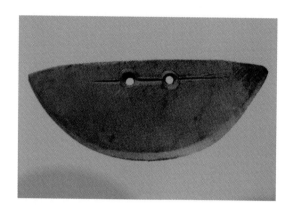

위 돌칼의 선이 구멍의 중앙과 정확하게 이어진 반면, 광주박물관 도록에 실린 반월형 돌칼은 선이 구멍과 일치하지 않는다. 선을 분명한 의도를 지니고 그은 것임을 알 수 있다.

돌에 정교한 구멍을 어떻게 뚫었는지도 의문이다.

　구멍에 끈은 끼워 사용하는 반월형 돌칼이나 나무를 끼우는 가락바퀴뿐만 아니라, 끈이나 나무를 끼우는 것과 관련이 없는 돌검·돌도끼 등에도 구멍이 나타나 있다. 왜 구멍을 뚫었는지, 어떻게 돌에 정교하게 구멍을 뚫었는지 궁금증을 자아낸다.
　광주박물관에는 반월형 돌칼에 구멍을 뚫는 방법이 게시되어 있다.

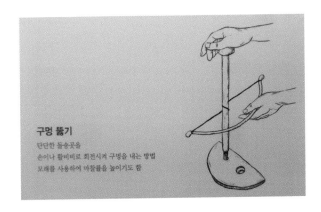

구멍 뚫기
단단한 돌송곳을
손이나 활비비로 회전시켜 구멍을 내는 방법
모래를 사용하여 마찰률을 높이기도 함

　그러나 정교한 구멍들을 이런 수작업으로 뚫을 수 없으며, 실제로 이 방법으로 뚫을 수 없는 형태의 구멍도 있다. 다음 반월형 돌칼들은 구멍이 상하로 길어 위의 방법으로 뚫을 수 없다(국립대구박물관, 『영남문화의 첫 관문, 김천』, 통천문화사, 2005).

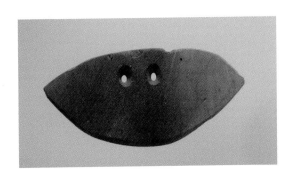

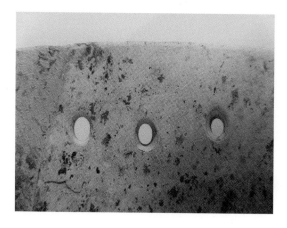

　　반듯하게 뚫린 다음 구멍들도 위의 수작업으로 뚫은 것은 아닐 것이다(광주박물관). 수작업은 흔들릴 수밖에 없어 원이 고를 수 없으며, 특히 단단한 돌에서는 더욱 그렇다.

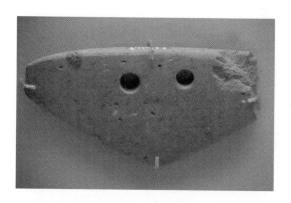

완전한 원형의 정교한 구멍이 있는 반면, 구멍 주위가 여러 겹으로 파인 곳도 있다. 또한, 두 구멍의 형태 및 크기가 다르기도 해서 단순하게 구멍을 뚫은 것이 아니며, 어떤 의도가 담겼음을 짐작하게 한다.

『하남』(김진성·방혜주, 하남문화재단 하남역사박물관, 2015.)

『발굴유적과 유물』(공주대학교 박물관 편, 공주대학교 박물관, 2003.)

뚫다가 중단한 듯 구멍 하나가 막혀 있다.

그런데 구멍 아래 바닥 부분이 돌출돼 있다(국립나주박물관 도록). 광주박물관에 게시된 구멍을 뚫는 방법과 전혀 다른 방법이 사용되었음을 나타낸다.

기존 이론이 제시한 유물의 구멍을 뚫는 방법이 맞지 않다는 것은 유물의 제작 방법은 물론, 용도 또한 모두 기존에 제시된 것과 다를 수 있음을 의미한다.

2. 가락바퀴

충주 조동리선사유적박물관에 게시된 가락바퀴에 대한 설명을 보자.

"실을 만들 때 사용하는 가장 오래된 도구이다. 중앙의 둥근 구멍에 축이 될 막대를 넣어 고정시킨 다음 가락바퀴를 회전시키면 섬유질이 늘어뜨려지면서 꼬이게 된다."

가락바퀴는 나무로 만든 것도 있으며, 진흙으로 만든 것도 많다. 이처럼 다른 재료로 쉽게 만들 수 있는데, 돌을 갈아 만들 수 있는지의 가능성 유무를 떠나 돌로 만든 이유가 의문이다. 완전 원형으로 얇게 돌을 갈려면 많은 시간과 노동력이 소요될 것이기 때문이다.

석제 가락바퀴들이 실을 잣는 용도로 제작되지 않았을 수 있음을 시사한다.

국립대구박물관에 석제와 토제, 그리고 목제 가락바퀴가 함께 전시돼 있다.

갈아서 제작했다는 방법도 의문이다.

『부여 송국리』(김미경 외, 국립부여박물관; 그라픽네트, 2017)에 가락바퀴 제작 과정이 실려 있다. 제작 과정이라지만 이미 완성된 모습만 보일 뿐, 실제적 제작 과정은 알 수 없다.

국립부여박물관에 전시된 가락바퀴다. 완전한 원형을 이루고 있다.

돌을 얇게 갈아서 완전한 둥근 형태를 이루게 하는 것이 수작업만으로 가능할지 의문이다.

3. 돌검

　김천 지역 각지의 출토 간돌검을 보자(『영남 문화의 첫 관문, 김천』).

　날 부분 위쪽이 반듯하게 잘린 돌검이 있다. 잘린 면이 정확하고 반듯해 온전한 검이 부러진 것은 아닌 듯하다. 그렇다면 처음부터 이 상태로 제작했다는 것인데, 무슨 이유일까?

　원주역사박물관 도록에 실린 돌검의 윗부분도 반듯하게 잘렸는데, 잘린 면이 부러진 것과 다르다. 의도적으로 처음부터 이 상태로 제작한 듯하다.

날 부분이 잘려 있고, 마름모꼴로 구멍이 파였다(성균관대학교 박물관 도록).
온전한 검이 부러진 것이 아니며, 처음부터 이 형태로 제작했음은 명백하다.
돌검이 단순히 검이 아니며, 다른 목적으로 제작되었을 수 있음이 잘 드러난다.

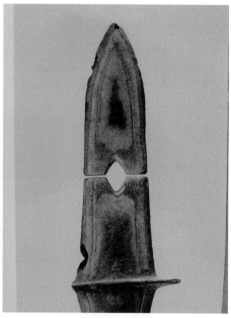

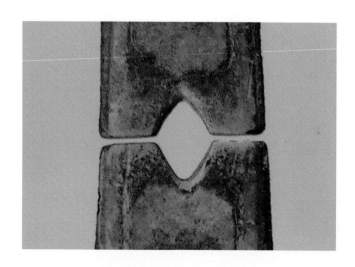

마름모꼴 구멍이 있는 돌검을 갈아서 제작하지는 않았을 것이다.

돌검의 제작 방법이 의문인데, 광주박물관에 게시된 돌검을 갈아서 제작하는 설명 그림을 보자.

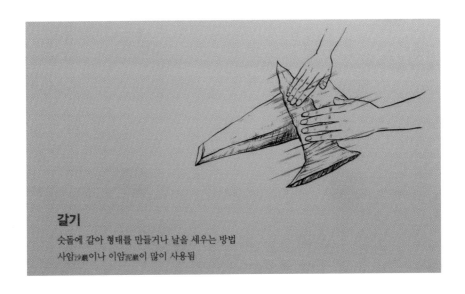

갈기

숫돌에 갈아 형태를 만들거나 날을 세우는 방법

사암砂巖이나 이암泥巖이 많이 사용됨

손잡이가 큰 다음의 돌검을 위의 방법으로 갈아서 제작하기는 불가능해 보인다(광주박물관).

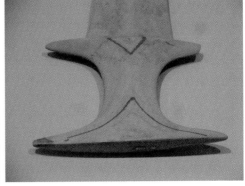

다음 돌검도 마찬가지다(김해박물관).

갈아서 제작했다는 설명이 전혀 타당하지 않아 보인다. 기계나 금속성 도구로 다듬지 않고서는 제작이 불가능해 보인다. 고인돌 조성 당시 기술 문명이 발달했을 것이란 추정과 일치한다.

다양한 형태의 손잡이 있는 돌검들도 마찬가지다.

국립경주박물관 도록에 실린 돌검이다.

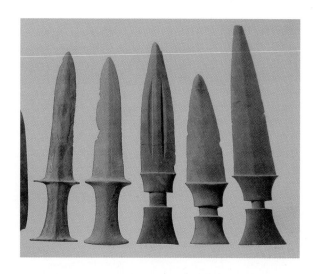

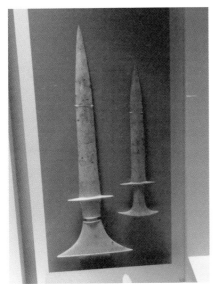

국립중앙박물관

국립대구박물관, 『대구 오천년』, 통천문화사, 2001.

손잡이가 특이한 형태의 돌검이다(동아대학교 박물관 도록).

둥근 홈들이 파여 있는데, 2중으로 파인 홈도 다수다.

갈거나 석기를 이용해 새기기 어려우며, 현대의 기계와 같은 도구의 사용 없이 이런 형태로 제작하기는 불가능해 보인다.

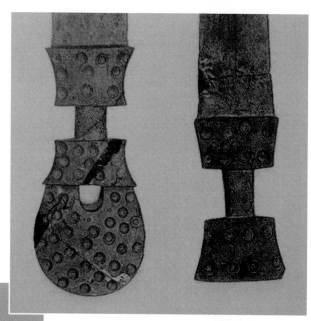

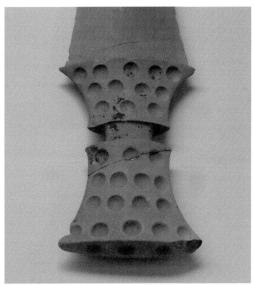

울산박물관

숭실대학교 박물관 도록에 실린 공주 출토 돌검이다.

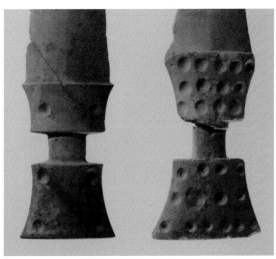

다음의 돌검들은 표면이 돌과 다른 느낌이어서, 돌을 갈아서 만든 것인지 의문이 든다(김현희 외, 『밀양』, 국립김해박물관, 2017).

전국 박물관에 유사한 형태와 색감의 돌검이 간간히 보인다.

깨진 부분의 색이 검다. 표면과 내부의 성분이 다를 수 있는데, 고인돌처럼 원석의 돌에 다른 물질을 입힌 것은 아닌지 조사가 필요해 보인다.

다음 돌검도 표면을 입힌 듯하다.

부산박물관

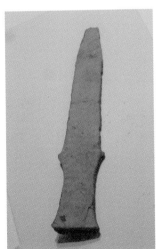

대가야박물관

　부여 송국리유적 자료관에 손잡이가 있는 돌검을 제작하는 설명 그림이 있는데, 구체적으로 어떻게 제작하는지 전혀 알 수 없다.

　돌로 다듬어 손잡이 부분을 제작할 수 없음이 분명하기 때문이다.

　당시의 문명 수준으로는 갈아서 제작하는 것 외에 다른 방법이 없었을 것으로 결론을 내려놓고 접근하니, 수작업으로 불가능해 보이는데도 무리하게 설명하고 있는 듯하다.

　한반도에서 돌검의 대부분이 출토된다고 하므로, 그 특이성부터 인지하고 기존의 문명 이론에서 벗어나 독자적으로 새롭게 해석해야 한다.

4. 돌화살촉

국립중앙박물관에는 칠곡 복성리에서 출토된 청동기 시대의 화살촉을 이용한 화살 모형이 전시돼 있으며, 활 그림이 그려져 있다.

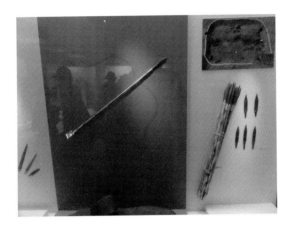

그런데 충주 조동리선사유적박물관의 화살촉에 대한 해석은 국립중앙박물관과 전혀 다르다. 크기와 형태가 각기 다르고, 실제로 화살로 제작해 사용하기 어렵기 때문에 이런 해석이 나온 듯하다. 용도에 의문이 제기된다.

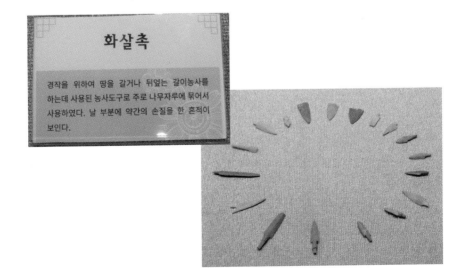

화살촉

경작을 위하여 땅을 갈거나 뒤엎는 갈이농사를 하는데 사용된 농사도구로 주로 나무자루에 묶어서 사용하였다. 날 부분에 약간의 손질을 한 흔적이 보인다.

『부여 송국리』에 실린 돌화살촉 제작 모습이다.

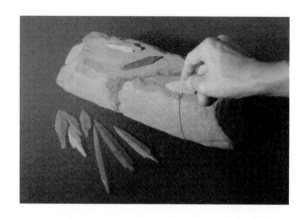

전국 박물관에 많은 돌화살촉이 전시되어 있는데, 돌화살촉을 위의 수작업으로 제작할 수 없음을 금방 알 수 있다.

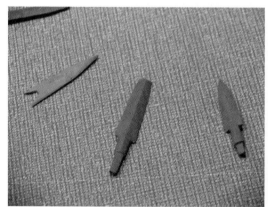

충주 조동리선사유적박물관

『영남문화의 첫 관문, 김천』
김천시 어모면 출토

대구박물관 도록에 실린 돌화살촉을 보자.

자로 잰 듯한 반듯한 선들이 평행을 이루며 그어져 있다. 반듯한 선을 자유롭게 그을 수 있었음이 잘 나타난다. 석기나 무른 청동기로는 그을 수 없으며, 정밀하고 강한 금속 도구의 존재가 필수로 보인다.

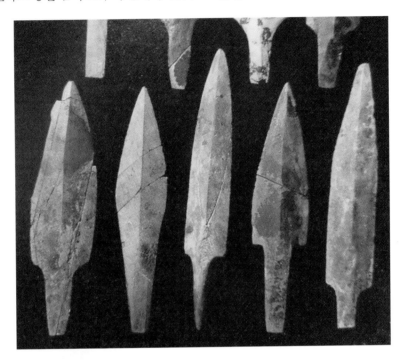

돌화살촉에 정교한 구멍이 뚫려 있다. 구멍이 필요하지 않은 화살촉에 용도가 불분명한 구멍을 뚫은 이유는 무엇일까?

『대구 오천년』

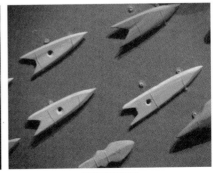

국립공주박물관

5. 다양한 석기

경기도박물관에 돌낫에 대한 설명 그림이 게시되어 있다.

현대의 낫으로 벼를 수확하는 모습과 같은데, 현대의 철제 낫도 추수 중간중간에 날을 갈아 줘야 한다. 그렇지 않으면 잘 베지지 않는다. 그런데 여러 지역에서 출토된 돌낫은 현대의 낫과 모양만 유사할 뿐 날카로움이 전혀 없다. 이런 도구로 위의 설명 그림처럼 벼를 추수할 수는 없다. 학계의 설명과 달리 용도가 불분명한 것이다.

광주박물관

숭실대학교 박물관

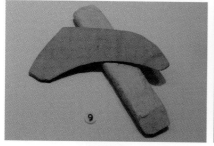

대구박물관

부여 송국리유적 자료관

박물관에 게시되어 있는 돌도끼의 사용 예를 보자.

부여 송국리유적 자료관의 끈으로 묶은 돌도끼는 몇 번의 사용으로 충격을 주면 쉽게 풀려 버릴 듯하다. 돌도끼가 맞을까?

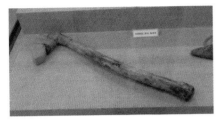

부산박물관에 나무에 끼운 사용
예가 소개돼 있다. 현대의 도끼는 쇠
날에 나무가 끼워져 있다. 그런데 이
돌도끼는 나무에 돌 날이 끼워져 있
으며, 끈은 나무를 묶을 뿐, 돌 날을
거의 묶지 못한다. 충격을 주면 금방
빠지게 될 것이다.

전국 박물관 여러 곳에 돌도끼가 전시되어 있는데, 사용 방법의 설명이 설득
력이 없어 돌도끼라는 용도에 의문이 든다. 돌도끼가 아니라면 무슨 이유로 힘
들여 돌을 날카롭게 갈아 놓았을까?

경희대학교 박물관   부여박물관

대구박물관에 대구 매천동에서 발굴된 청동기 시대의 별도끼가 전시돼 있다.

도구의 사용 없이 갈아서 제작할 수 없는 모습이다. 당시의 기술과 문명 수준이 기존의 판단과 전혀 다름을 암시한다.

자루를 끼우는 홈이 막혀 있어서 도끼라는 용도도 맞지 않다.

 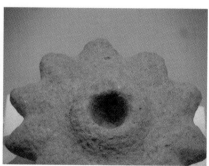

국립중앙박물관의 별도끼다.

선이 그어진 석재 유물들이 있는데, 인위적으로 그은 것인지 궁금하다.

석기로는 그을 수 없으므로, 인위적으로 그었다면 그 방법에 의문이 든다.

부여박물관에 전시된 돌도끼에 반듯한 선이 그어져 있다. 선의 양 끝부분의 간격이 넓어서 잘라낸 듯하다. 강하고 날카로운 금속 도구가 아닌 석기나 무른 청동기로는 가능해 보이지 않는다.

울산 신정동유적 출토 별모양 석기에 가로지른 선이 그어져 있다(울산박물관 도록). 선이 구멍 안쪽까지 이어져 있으므로, 고인돌에서 설명했듯이 구멍을 판 이후 그은, 인위적인 선임이 입증된다.

신정동유적
지름14.2

바퀴날 도끼에 가는 선들이 그어져 있다(『대구 오천년』).
이런 선들이 자연적으로 그어질 수 없음은 자명하다.

통영 상노대도 조개더미유적 출토 대팻날에 반듯하지 않은 직선들이 가로·세로로 여러 줄 그어져 있다(연세대학교 박물관).
　반듯하지 않은 선도 긋고 있음이 잘 나타난다.

석기에 규모가 큰 구멍이 정교하게 뚫려 있다. 수작업으로는 뚫기 불가능해 보이는 구멍들은 기계 장치가 사용되었음을 추정하게 한다.

부여박물관

충주 조동리선사유적 박물관

44

87 달모양도끼 環狀石斧
청동기, 길이 9.5cm, 희곡리 5호 집터

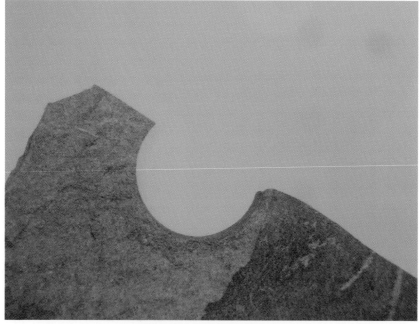

『밀양』(김현희 외, 국립김해박물관, 2017.)

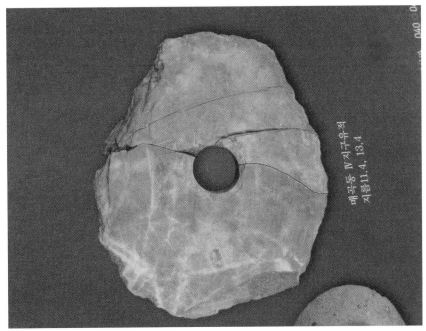

매곡동 Ⅳ지구유적
지름11.4, 13.4

울산박물관 도록

　반월형 돌칼, 가락바퀴, 돌도끼 등 석재 유물에 나타난 정교한 구멍과 구멍의
다양한 형태는 수작업으로는 불가능해 보인다.
　제작에 현대와 유사한 기계 장치가 사용되었을 수 있음을 나타낸다.

　뒤에서 살펴보겠지만, 유물의 구멍은 고인돌의 바위구멍처럼 생명형상을 표현
하는 기능을 한다. 또한, 표시의 기능을 하는 듯하다.
　다양한 유물에 나타난 정교한 구멍은 유물들이 서로 연관이 있으며, 동일 주
체에 의해 제작되었음을 표시하기 위해 새겨진 듯하다.

6. 토기

전국의 박물관에 밑이 뾰족한 신석기·청동기 시대 토기가 많이 전시되어 있다. 그런데 세울 수 없고, 구멍이 뚫려 있는 것도 다수여서 실생활에 사용된 토기인가 의문이 제기된다.

부산박물관

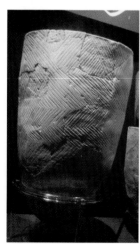
공주박물관

경희대학교 박물관

국립중앙박물관

다수의 토기에 정교한 구멍이 나타나는데, 무슨 이유일까?

완도 어서도패총 출토 토기에 다수의 구멍이 뚫려 있다(목포대학교 박물관).

구멍의 용도에 대해 "토기의 균열된 곳을 묶어 더 이상 훼손되는 것을 방지하기 위한 구멍"이라는 설명이 있는데, 위쪽에 뚫린 구멍들은 어느 정도 설득력이 있어 보인다. 그러나 아래쪽에 뚫린 구멍들은 균열된 곳을 묶기 위한 것과 관련이 없어 보인다. 구멍의 간격이 넓은데, 원형의 토기이므로 끈을 끼워 묶어도 안쪽의 끈과 토기 사이에 간격이 생겨 묶는 기능을 할 수 없을 것이다.

구멍은 토기의 용도와 맞지 않아 토기들이 실생활에 쓰이는 도구로 제작된 것인지에 의문이 든다.

12장

유물의 실체

앞 장에서 반월형 돌칼, 가락바퀴, 돌검, 돌화살촉 등 고대 유물의 용도와 제작 방법이 기존 학설과 일치하지 않음을 살펴보았다

선사 시대를 분류하는 기준이 되었던 유물들이 실제로 사용된 실용품이 아니라면 용도는 무엇일까?

결론부터 이야기하면, 고인돌처럼 생명형상 특히 사람형상을 표현하는 예술품으로 제작된 듯하다. 다만, 고인돌이 그렇듯이 다수에 뚜렷한 형상이 나타나지는 않으며, 특히 사람형상이 뚜렷하게 나타나는 경우는 많지 않았다.

물론 형상이 나타나지 않더라도 그 자체로 예술품으로 볼 수 있다.

그리고 수작업만으로 유물들을 제작할 수 없으므로, 금속 도구나 기계 장치의 존재가 필수적이다. 이는 유물 조성 당시에 발달한 문명이 있었음을 나타내는데, 이를 알아볼 수 있도록 하기 위함인 듯하다.

유물들의 실체에 대해 자세하게 분석해 보자.

먼저, 두 개의 구멍이 있어 두 눈과 유사한 반월형 돌칼을 살펴보자.

1. 반월형 돌칼

(1) 두 개의 구멍의 의미

박물관에서 반월형 돌칼을 볼 수 있었는데, 두 개의 구멍이 생명형상을 나타내는지 유심히 살펴보아도 확신하기 어려웠다. 두 구멍에 끈을 매 추수용으로 사용했다는 기존 이론을 뒤집을 만한 근거를 찾을 수는 없었지만, 정교하게 파인 두 구멍을 눈으로 볼 수 있지 않을까 하는 의문은 사라지지 않았다.

그러던 차에 김해 가락박물관에서 특이한 반월형 돌칼을 보게 되었다. 재현해 놓은 복제품이라 하는데, 반월형 돌칼의 구조가 간단하므로 원형을 충실하게 반영해 원품과 유사할 것으로 판단된다. 두 구멍 아래에 작은 홈이 패여 있어 마치 입처럼 보인다. 입이 표시되니 두 구멍이 눈을 표시함이 역력하다.

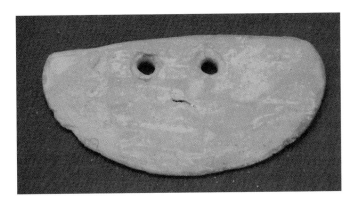

반월형 돌칼의 실체에 대해 증명이 가능할 수도 있다는 확신이 드는 순간이었다. 이후 여러 박물관에서 인물상을 표현하고 있는 반월형 돌칼을 발견할 수 있었다.

일단 확인하고 나면 대부분의 반월형 돌칼은 생명형상을 표현하는 예술품이며, 특히 인물상으로 볼 수 있음이 명확해진다.

(2) 선이 윤곽선을 표현

반월형 돌칼에 세로로 두 선이 그어져 있다(울산박물관 도록).
두 선이 윤곽선을 이루고, 구멍이 눈을 이루는 뚜렷한 인물상이다.

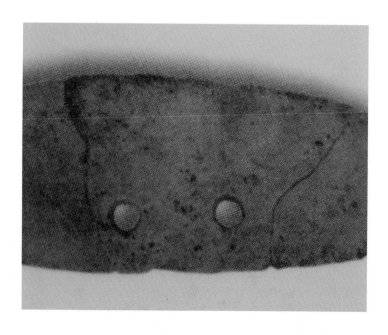

부여 송국리유적 출토 반월형 돌칼에도 유사한 인물상이 나타나 있다(『부여 송국리』).

구멍을 지나는 균열선이 윤곽선을 이루고, 두 구멍이 눈을 이룬다. 구멍을 지나는 선은 홈이 파여 선을 이루는데, 자연적으로 형성되기 어려운 모습이다.

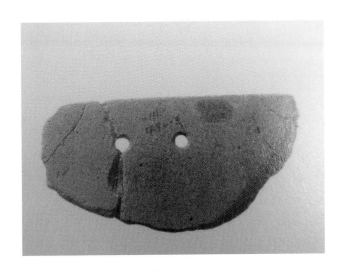

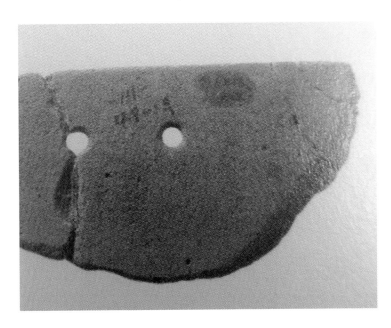

반대 면의 인물상이다. 선으로 입을 표시했다.

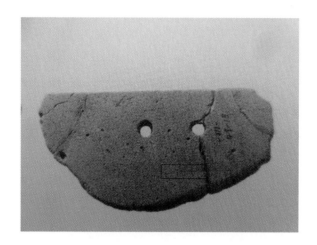

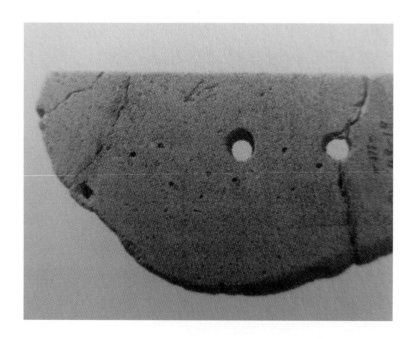

세로로 가는 선이 그어져 인물상을 이룬다(국립진주박물관 도록).

인공적으로 다듬어 놓은 표면에 나타난 가는 선들은 자연적으로 그어진 것으로 볼 수 없다. 한 선이 구멍을 통과하며, 인물상의 윤곽선을 나타낸다.

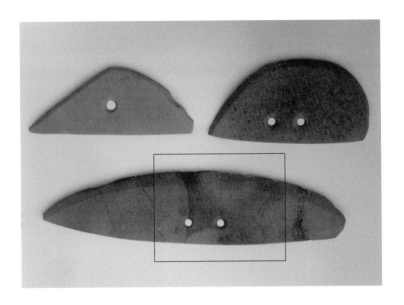

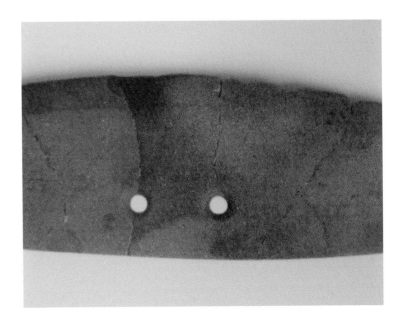

천안 백석동유적 출토 반월형 돌칼이다(『발굴유적과 유물』).

선을 그어 윤곽선을 나타내고, 표면을 다듬어 입을 표시했다. 두 눈의 크기가
다르며, 우측 눈이 두 겹이어서 더욱더 눈처럼 보인다.

온전한 사람 얼굴 형상이며, 선으로 코와 입을 표시했다(<조동리, 선사로의 특별한 여행> 도록).

균열된 선이 윤곽선을 나타내고 두 구멍이 눈을 이룬 인물상이 뚜렷하다.

반월형 돌칼에 인물상이 표현되어 있음이 명백해졌다.

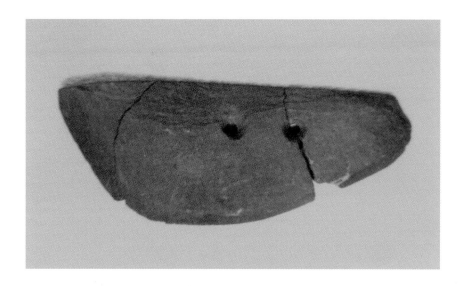

(3) 깨진 부분이 윤곽선을 이룸

앞에서 살펴본 형상들은 선이 윤곽선을 나타냈다면, 다음은 깨진 부분이 윤곽선을 이룬다(충주 조동리선사유적박물관).

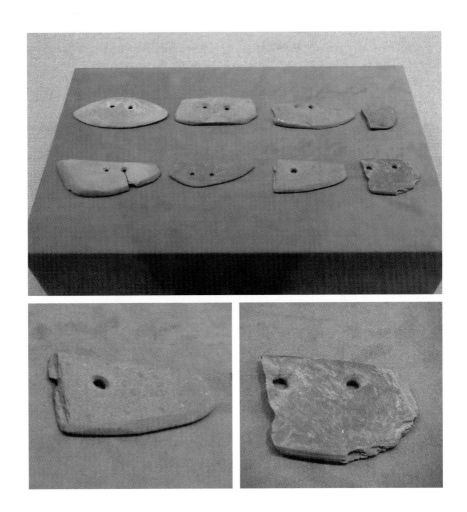

깨진 반월형 돌칼이 우연하게 깨진 것이 아니며, 의도적으로 형상을 나타내도록 깨트린 것임을 알 수 있다.

⑷ 입을 표시한 형상

두 구멍 아래에 홈의 선이 길게 새겨져, 입을 표시하는 형상이다.

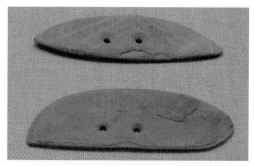

경기도박물관

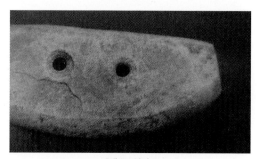

『대구오천년』

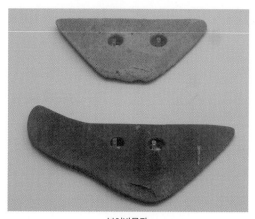

부여박물관

아래쪽에 그어진 홈의 선이 입을 표시한다(광주박물관 도록).

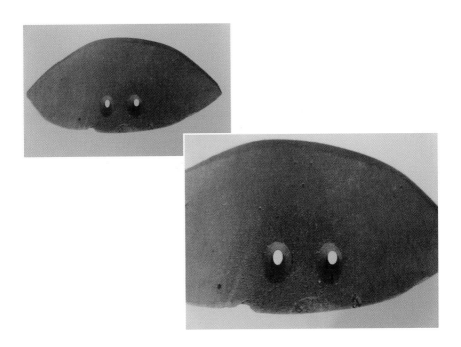

아래쪽에 그어진 선이 입을 표시한다(광주박물관 도록).

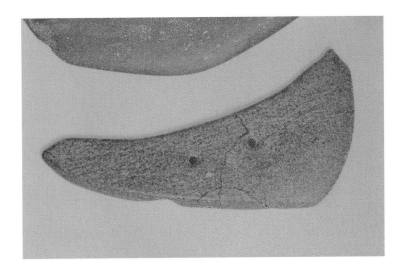

인위적으로 새겨짐이 분명한 마름모꼴이 입을 표시하는 듯하다(동아대학교 박물관 도록).

정교한 마름모가 새겨짐은 반월형 돌칼이 단순한 추수용 도구가 아님을 입증한다.

(5) 홈을 새겨 형상을 나타냄

『부여 송국리』에 실린 반월형 돌칼이다.

아래쪽에 파인 세 홈이 두 눈과 입을 표시한다.

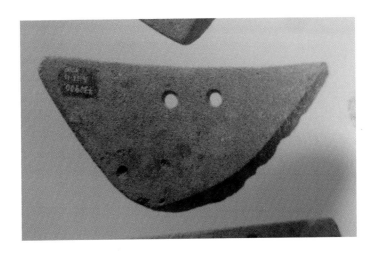

위 반월형 돌칼의 반대면의 형상이다. 구멍 아래 양쪽에 홈이 파여 있다.
이 홈들이 한 눈을 이루는 두 형상이 양쪽으로 나타나 있다.

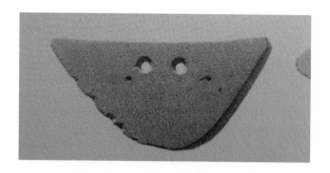

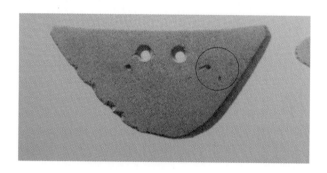

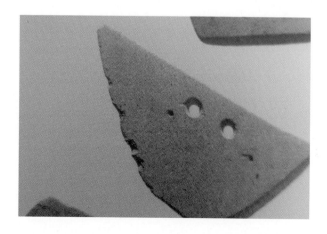

(6) 구멍의 수가 다름

구멍이 하나뿐인데 정중앙에 있어, 처음부터 하나의 구멍만 뚫으려 한 것으로 보인다(국민대학교 박물관 도록). 옆으로 보면 약간 길쭉한 얼굴 형태다. 뚜렷하지 않지만, 한 눈만 보이는 인물상의 옆모습을 표현한 것으로 볼 수 있다.

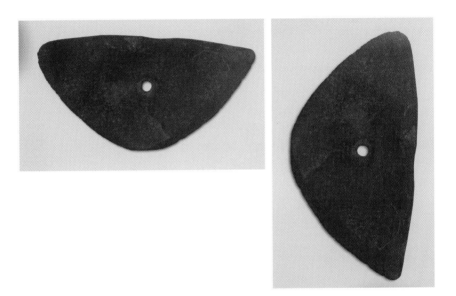

구멍이 한 눈을, 깨진 부분이 다른 한 눈을 나타내며, 홈을 파 입을 표시한 인물상이다(진주박물관 도록).

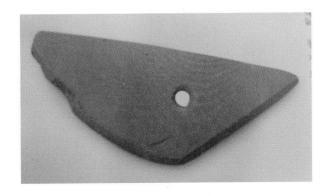

여주 흔암리유적의 반월형 돌칼이다(여주박물관 도록).
두 구멍이 눈을, 아래쪽 구멍이 입을 나타낸다.

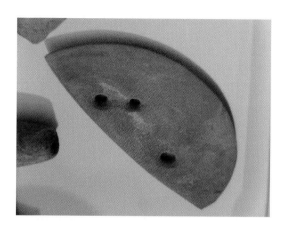

(7) 구멍이 막혀 있음

구멍 하나가 막혀 있는 반월형 돌칼이다(나주박물관 도록).
아래쪽 홈의 선이 입을 표시하며 형상을 나타낸다.
막힌 구멍은 주변이 깊게 파이고, 가운데 부분이 돌출돼 있다.

이 반월형 돌칼을 거꾸로 본 모습이다.
아래쪽에 얕게 새겨진 홈의 선이 입을 나타내는 인물상으로 볼 수 있다.

위 반월형 돌칼은 나주박물관에 전시돼 있는데, 반대면이 전시돼 있다.
유사하게 두 구멍이 눈을 표시하며, 아래쪽의 선이 입을 표시함이 뚜렷하다.

좌측 구멍은 이중으로 뚫려 있다.

우측 구멍은 주변이 가늘게 파이고, 가운데가 두껍게 돌출돼 있다. 이 구멍을
반대쪽에서 볼 때는 구멍 주변이 두껍게 파이고, 가운데가 가늘게 돌출돼 있었
다. 하나의 막힌 구멍 양면이 다른 형태로 가운데가 돌출돼 있는 것이다.

오늘날의 드릴처럼 몸체에 다양한 형태의 날을 부착해 구멍을 뚫었음이 분명
하게 드러난다.

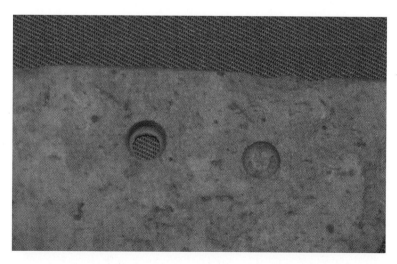

뜯어낸 듯한 형태의 구멍은 정밀한 도구만 이용해서 뚫은 것이 아님을 나타 낸다(목포대학교 박물관).

두 구멍이 눈을, 색감이 다른 짧은 선이 입을 나타낸다.

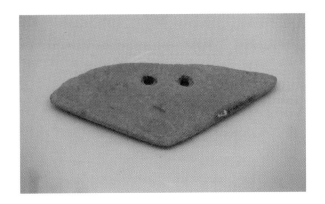

두 구멍이 막혀 있다(최정수, 『선사유적 발굴도록』, 충북대학교박물관, 1998).

구멍이 막혀 끈을 끼워 추수용 도구로 사용할 수 없는 반월형 돌칼을 왜 제작했을까? 삼각형의 형태여서 형태적 갖춤이 부족하지만, 두 구멍을 바라보면 인물상의 눈을 나타내는 듯하다. 반월형 돌칼이 형상을 나타냄을 알고 나서 보면 더욱 그렇다.

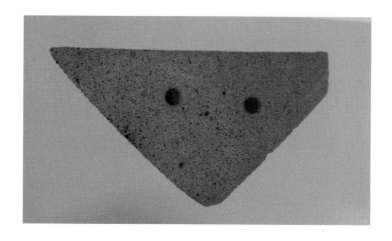

원본을 보지 못해 정확한 모습을 확인할 수 없지만, 구멍의 일부가 막혀 눈동자의 빛까지 표현하는 듯하다(국립청주박물관 홈페이지).

구멍을 파다가 중단한 듯한 두 홈이 새겨져 있다(경주대학교 박물관)

다른 반월형 돌칼과 구멍의 형태가 다르며, 구멍을 뚫다가 중단한 것은 아닌 듯하다. 두 홈이 인물상의 눈을 나타내기에 적절한 모습이다.

다음은 인물상임이 뚜렷하다(울산박물관 도록).

위와 마찬가지로 구멍을 뚫다가 중단한 것이 아니며, 처음부터 이 상태로 제작한 듯하다. 전체적으로 인물상임이 뚜렷하며, 좌측 부분만으로도 인물상을 나타낸다. 고인돌처럼 중첩해 인물상이 표현돼 있다.

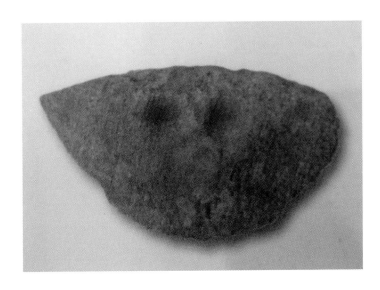

(8) 색감을 변화시킴

『부여 송국리』에 실린 반월형 돌칼의 양면이다.

같은 돌을 갈아서 얇게 다듬었다면 양면의 색이 같아야 한다. 그런데 다음 반월형 돌칼은 양면의 색이 다르다. 고인돌처럼 표면을 변화시킨 것일 수 있다.

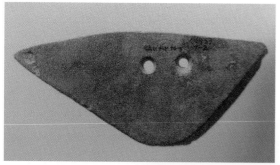

선이 그어진 것인지, 다른 돌을 붙여 놓은 것인지 불확실하지만 선을 따라 정확히 색감이 다르다(대구박물관).

선을 그은 것이라면 한쪽의 색감을 변화시킨 것이며, 다른 돌을 붙여 놓았다면 서로 다른 돌을 하나의 돌로 보일 정도로 완벽하게 맞추어 놓은 것이 된다.

어느 경우나 높은 기술 문명에 의해 반월형 돌칼이 제작되었음을 증명한다.

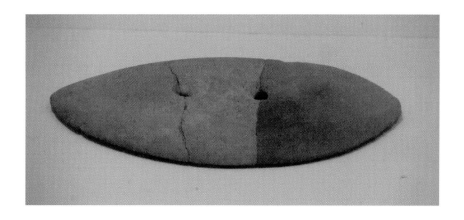

색의 차이는 덜하지만, 다음도 유사하다(나주박물관).

앞에서 홈을 새겨 눈과 입을 나타내서 형상을 표현하는 것을 보았다.
유사하게 홈 형태로 색감을 변화시켜 형상을 표현하고 있다.

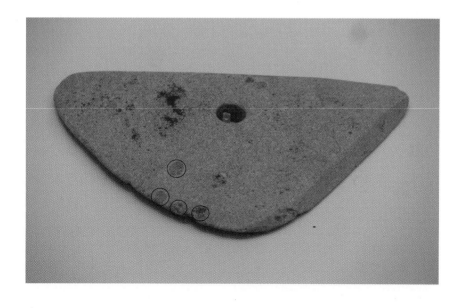

(9) 자체로 형상을 표현

앞에서 살펴본 반월형 돌칼들은 특징적인 부분이 있어서 인물상을 표현함이
분명하지만, 특징점이 없는 반월형 돌칼 중에도 인물상이 확연한 경우가 있다.
이 경우 형상이 표현돼 있음을 확정할 수는 없지만, 간략히 보기로 하자.

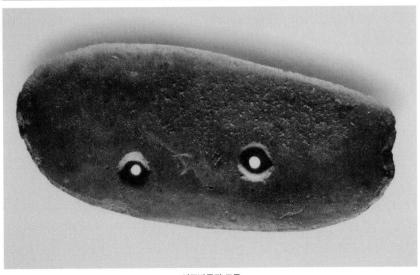

여주박물관 도록

부여박물관 도록

다음도 인물상을 나타내는 듯하다(청주박물관).

날 부위에 새겨진 구멍은 반월형 돌칼이 추수용 칼이 아님을 확증한다.

2. 가락바퀴

하남 미사동 출토 가락바퀴에 두 군데 구멍이 뚫려 있다(『하남』).
두 구멍이 둥근 얼굴의 두 눈처럼 보인다.

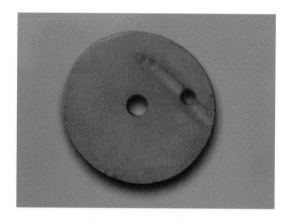

가락바퀴는 가운데 한 곳의 구멍만 있으면 된다. 실제로 살펴본 석재 가락바
퀴 중 유일하게 구멍이 두 곳 뚫려 있다. 아무런 이유 없이 두 군데 구멍을 뚫지
는 않았을 것이다. 둥근 형태에 두 구멍이 눈을 나타내어 사람 얼굴을 표상하
는 듯하다. 그러나 두 눈만으로는 사람을 표현하는지 확정하기 어렵다.
  이 가락바퀴를 거꾸로 보자.

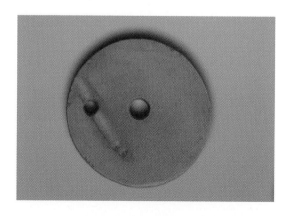

세로로 비스듬히 구멍을 지나는 긴 홈이 깊고 넓게 파여 있다. 매끈하게 갈아
낸 면에 이런 홈이 우연히 나타날 리 없다.

길게 새겨진 홈이 안면 윤곽선을 이루고, 이 홈 아래쪽에 새긴 두 홈이 코와
입을 표시하는 인물상으로 보인다.

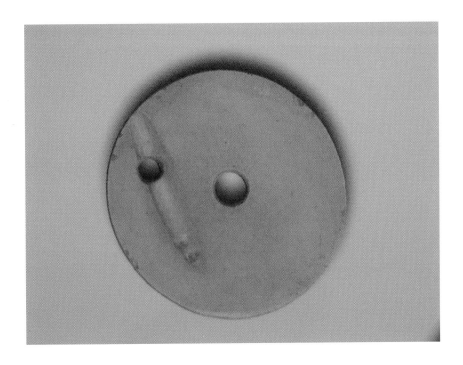

두 개의 구멍이 새겨져 인물상의 눈을 나타내는 것은 반월형 돌칼처럼 가락
바퀴에 생명형상이 새겨져 있음을 증명한다.

구멍이 가운데에 하나뿐인 가락바퀴에는 형상을 새기기 어려워서인지, 가락
바퀴에는 형상이 뚜렷한 경우가 많지 않은 듯하다.

대구박물관의 다음 가락바퀴는 예외적으로 인물상이 뚜렷하다.
가운데 구멍이 한 눈을 이루고, 표면을 옅게 조각하여 윤곽선과 코, 입을 표
시해 인물상을 나타냈다.

위의 가락바퀴들은 가운데 구멍이 눈을 표시하는 인물상을 표현하고 있지만,
대부분의 석재 가락바퀴는 정면에 인물상이 나타나지 않는다. 그러나 사람 얼
굴을 옆에서 보면 한 눈만이 뚜렷하게 보이듯이 한 눈만을 강조해 표시한 인물
상으로 볼 수도 있다.

이렇게 해석하고, 목제나 토제의 대체품이 있어서 얇게 갈아서 제작하는 과
도한 수고를 할 필요가 없다는 점을 고려하면, 석재 가락바퀴는 실을 잣는 도구
로 제작되기보다 인물상을 표현한 예술품으로 해석된다.

3. 돌검

대부분의 돌검이 한반도에서 출토된다는데, 이는 매우 특별한 일이 아닐 수 없다. 단순한 형태지만 돌검이 검의 용도로만 제작되지 않았음을 살펴보자.

(1) 검날의 홈

다수의 돌검날 부위에 세로로 길게 두 줄의 홈이 새겨져 있다. 무슨 용도일까? 돌검에 뚜렷한 두 줄의 홈이 새겨져 있다(경주박물관 도록).

일본인 학자들은 이를 '피가 흘러내려 검을 쉽게 뽑을 수 있게 하기 위한 피 홈'이라 해석했다.

그런데 돌검날에 새겨진 홈이 아주 흐릿한 경우도 있어, 피홈이 아님을 나타
낸다. 변광현은 이를 검눈(劍眼)이라 해석했다.

동아대학교 박물관 도록

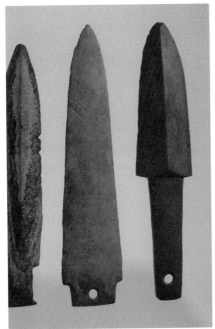

숭실대학교 박물관 도록

돌검날에 새겨진 홈들이 피홈이 아님은 유사
하게 홈이 새겨진 돌화살촉을 보면 알 수 있다.
돌화살촉에도 유사한 홈이 새겨져 있고 이를 피
홈이라 설명한다(<조동리, 선사로의 특별한 여행>
도록).

　그러나 검과 달리 즉시 회수할 수 없어서, 피
를 흘러내리게 해 쉽게 뽑아 빠르게 회수할 수
있도록 하는 용도라는 설명이 맞지 않다.

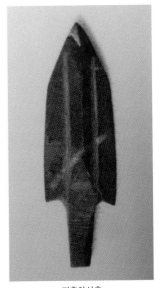

피홈화살촉

『발굴유적과 유물』

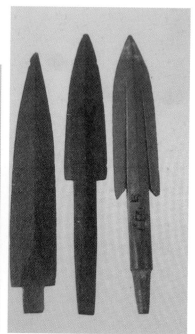

경주박물관 도록

　빠르게 회수할 필요가 있는 검과 달리, 빠르게 회수할 수 없는 돌화살촉에 새겨진 홈은 피홈이 아님을 입증한다.

　변광현의 해석대로 홈들이 검의 눈을 나타낸다면, 이는 형태상 형상을 새기기 어려운 돌검도 눈을 표시해서 생명형상을 표현하고 있음을 의미한다.

(2) 색감과 무늬

부러진 돌검의 위아랫부분의 색
감이 다르다(목포대학교 박물관). 좌
우의 색이 다른 반월형 돌칼에서 보
았듯이, 서로 다른 돌을 다듬어 붙
이거나 한쪽의 색을 변화시켜야 하
는데, 어느 경우나 고도의 과학 기
술의 발달을 전제로 한다.

검에 나타난 무늬는 좌우 대칭을 이루는데, 돌화살촉의 무늬는 그렇지 않다
(목포대학교 박물관). 무늬들이 자연적인 것이 아님을 암시한다.

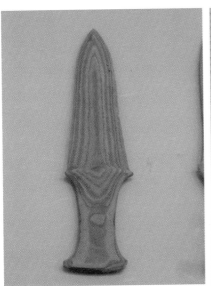

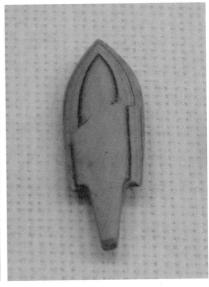

돌에 자연적인 평행의 선 무늬가 있는 경우를 가정해 보자.

검의 날 끝부분에서도 선은 평행을 유지할 것이다. 끝부분은 단지 좁게 갈아 낸 것이기 때문이다. 그런데 다음 나주박물관의 돌검은 선 무늬가 검 끝부분에 서 모아지며 검 끝과 일치하게 날카로운 형태를 이루고 있다. 자연적인 현상일 수 없으며, 고인돌처럼 무늬를 입힌 것으로 추정된다.

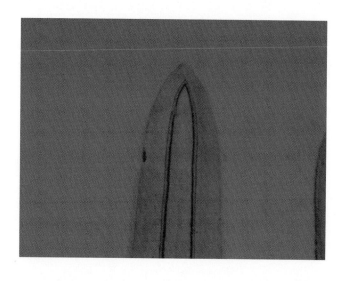

(3) 새겨진 형상

다음 돌검에 새겨진 선들도 생명형상과 관련이 있을까?(대구박물관 도록)

선들이 인물상을 그린다.

돌검을 제작하기 위해 1차로 떼어내기로 다듬어 놓은 듯하다(광주박물관).
그런데 세로로 평행하게 그어진 두 줄은 떼어낸 것과 다르다.

손잡이 부분은 층이 졌지만 부드럽게 곡선을 이루고 있어 떼어내기로 제작한
것이 아님을 나타낸다.

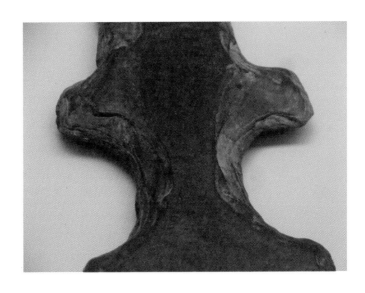

형태와 색감으로 인물상을 나타낸다.

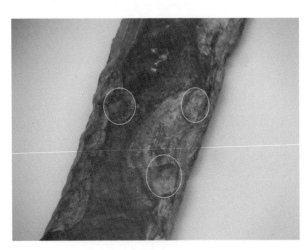

돌검에 생명형상이 표현돼 있다. 이는 돌검이 실제로 사용된 실용품이 아니라 의도적으로 제작해 놓은 예술품임을 의미한다. 한반도에서 돌검의 대부분이 출토되는 현상도 이와 관련이 있을 것이다.

4. 다양한 석기

다양한 석기에도 형상이 나타나 있다. 먼저 발화석을 살펴보자.
충주 조동리선사유적박물관에는 발화석에 대한 설명이 게시돼 있다.

"불을 일으키기 위하여 사용된 돌이다. 나무봉을 두 손으로 잡고 돌려서 나오는 마찰열로
불을 일으키기 때문에 곳곳에 동그란 구멍이 나 있다. 한 면에 6개의 구멍이 보이는 발화석도
있다."

〈조동리, 선사로의 특별한 여행〉 도록에 실린 발화석을 보자.
구멍이 경사진 면에 있다. 마찰열을 일으키려면 수직으로 누르며 회전시켜야
하므로 홈이 경사진 면에 나타날 수 없다. 이들이 발화석이 아님은 자명하다.
홈이 인물상의 눈을 나타내 생명형상을 새긴 예술품임을 알 수 있다.

다음 발화석은 구멍이 한쪽으로 치우쳐 있다(충주 조동리선사유적박물관).
구멍이 형상의 눈을 표시한다.

경기박물관의 발화석이다. 다른 발화석들보다 구멍이 선명하지 않다. 큰 돌이 깨진 것인지 금이 갔는지 불분명하나, 선이 윤곽선을 이루고 구멍이 눈과 코를 나타내는 인물상을 표현한 것으로 보인다.

발화석

단양 상시 3바위그늘유적 출토 발화석을 보자(연세대학교 박물관).

맨 위쪽의 홈이 돌의 가장자리 끝부분에 치우쳐 있다. 발화공의 용도가 아님
이 분명하다. 하나로 충분할 발화공이 여러 곳에 나타날 이유도 없다.

아래쪽 두 홈이 눈을 나타내는 듯하다.

다른 방향에서 본 인물상이다. 발화공이 두 눈과 코를 나타낸다.

아래쪽에 흐릿한 홈이 입을 표시한다.

거꾸로 본 형상이다.

앞에서 살펴본 용인 맹리고인돌의 바위구멍처럼 구멍이 두 눈과 코, 입을 표시한다. 발화석이 아니라 구멍이 고인돌의 바위구멍과 동일하게 생명형상을 표현하는 예술품임을 알 수 있다.

발화석은 원시적인 방법으로 불을 피운, 낮은 문명 수준을 상징한다.

그러나 실제로는 사람형상을 나타낸다.

철저한 기획하에 유물들을 조성해 놓았음이 분명하게 드러난다.

미완성 석기라 한다(광주박물관).

다른 방향에서 보면 얼굴 형태이며, 구멍이 눈을 나타내고 선이 입을 표시한다.

울산 신화리유적의 새부리 모양 석기다(울산박물관 도록).

새의 부리처럼 튀어나온 부분이 코를 나타내는 인물상으로 보인다.

거꾸로 보면 다른 형상이 나타난다.

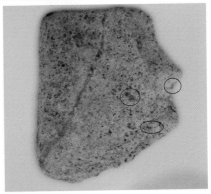

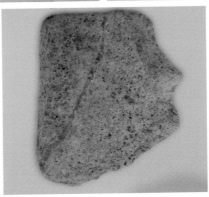

용도가 불분명한 석기에 새겨진 홈이 인물상을 나타낸다(광주박물관).

돌끌이라 한다(대구박물관).

매끄럽게 갈아 낸 부분에 파인 홈이 눈을 나타내는 인물상이며, 선을 그어 입을 표시했다.

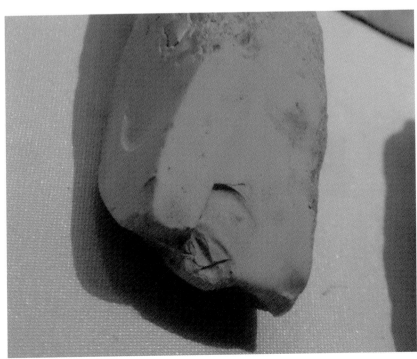

돌낫이라 한다(부여 송국리유적 자료관).

표면에 붉은빛과 검은빛이 섞여 있다. 뚜렷한 윤곽선과 함께 색감이 인물상
을 표현한다.

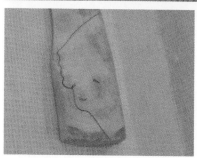

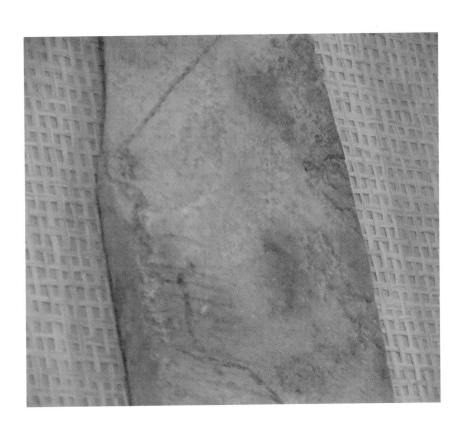

달 모양 도끼다(국립중앙박물관).

뚜렷하지는 않지만 가운데 구멍이 한 눈을 나타내고, 좌측의 세 홈이 눈과 코, 입을 표시하는 듯하다.

바퀴날 도끼라 한다(부여박물관). 도끼라 하나, 구멍이 작아 나무를 끼워도 도끼로서의 기능을 할 수 없을 듯하다. 가락바퀴의 몇 배 규모의 큰 돌을 이처럼 완전한 원형을 이루도록 수작업만으로 가공하는 것이 가능할까? 완전한 원형에 일부분만 색감이 다르고 거친데, 무슨 이유일까? 실물을 직접 확인할 수 없어 불확실하지만, 앞에서 본 선 양쪽의 색감이 다른 반월형 돌칼과 돌검과 유사한 듯하다. 다른 돌을 끼워 맞춘 것으로 추정된다.

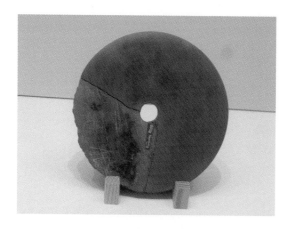

끼워 맞춰진 듯한 곳에 많은 선이 그어져 있다. 반듯하고 길게 이어져 있어 인위적으로 그었음이 분명하다.

선들이 서로 교차하며 사각형을 나타내는데, 이 부분이 눈을 이루며 형상을 표현하도록 의도적으로 그은 듯하며, 입도 나타냈다.

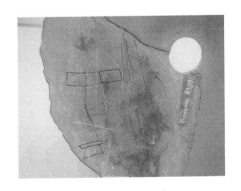

돌낫에 선명하게 선이 그어져 있다(『대구 오천년』).

이처럼 반듯하고 뚜렷한 선이 자연적으로 나타날 수 없으며, 수작업으로는 그을 수 없을 것이다. 기계로 얕게 자르며 그은 것으로 추정하는 이외의 다른 이유를 찾기 어렵다. 선이 윤곽선을 이루고 홈이 눈을 표시한 인물상을 나타낸다. 입을 표시하는 부분이 인위적임도 자명하다.

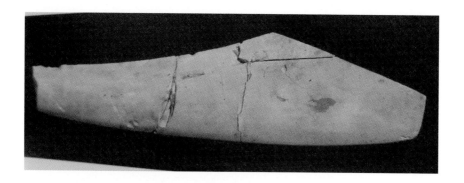

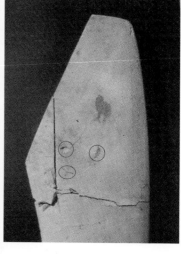

서울 역삼동 집자리 출토 청동기 시대 석기다(숭실대학교 박물관).

숫자 21처럼 쓰여 있는데, 발굴 후 관리 과정에서 기입되었을까? 그럴 가능성은 작으므로 제작 당시에 아라비아 숫자가 사용되었을 것으로 추정된다.

이를 알리려는 목적으로 매몰해 놓은 것으로 추측된다.

5. 동물뼈, 조개껍데기

경산 임당동 출토 동물뼈에 많은 구멍이 패어 있는데 점치는 뼈라 한다(국립
중앙박물관). 구멍은 무작위로 판 것이 아니며, 일정한 형태를 이루도록 단단한
뼈에 세밀하게 작업한 것인데, 이를 점치는 뼈라 한 근거는 무엇일까?

구멍이 새겨진 동물뼈를 대부분 점치는 것과 관련시키는데, 다른 이유를 찾기 어렵기 때문인 듯하다. 그러나 위와 유사하게 생긴 함께 전시된 같은 지역의 다음 뼈에 새겨진 구멍들이 고인돌의 바위구멍과 유사하게 형상을 표현하는 기능을 한다. 이는 점치는 것과는 관련이 없는 예술품임을 나타낸다.

아래쪽 네 구멍이 두 눈과 코, 입을 표현하는 인물상을 이룬다.

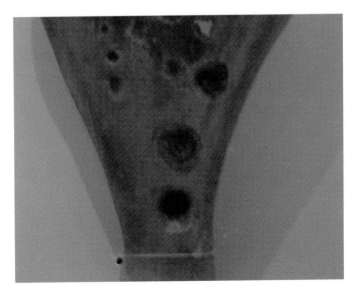

위쪽에 새겨진 작은 홈들이 눈을 나타낸다. 위 형상의 코가 입을 이루는 형
상과 위 형상의 눈이 입을 이루는 두 형상이 중첩해 새겨져 있다.

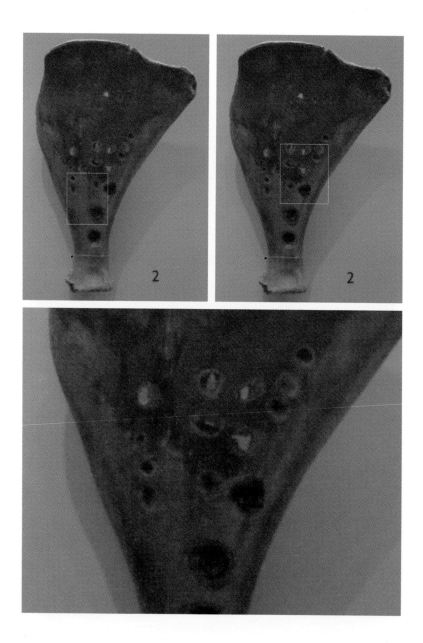

단양 상시 3바위그늘유적에서 출토된 조개껍데기로 만든 유물이다(연세대학교 박물관).

홈들이 인물상을 나타낸다. 앞에서 살펴본 경산 임당동의 뼈에 새겨진 홈으로 된 형상처럼 아래 형상의 눈이 위 형상의 입을 이루고 있다.

고인돌에 인물상이 중첩되어 나타나는 것과 같다.

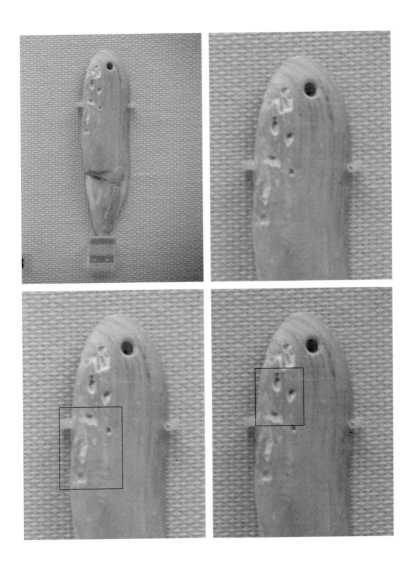

6. 토기

다양한 유형의 선사 시대 토기가 발굴되는데, 많은 토기 밑면이 뾰족해 세울 수 없어 실용품이 아닌 듯하다. 다른 유물들처럼 의도적으로 제작해 놓은 것으로 추정되는데 생명형상은 이를 방증한다. 조개더미유적 등에서 토기 조각이 많이 발굴되는데, 이들은 유적지임을 증명하는 중요한 기능을 하도록 제작해 놓은 듯하다. 토기와 그 조각들의 실체를 분석해 보자.

(1) 토기 조각

무덤방 출토 빗살무늬토기

고인돌에서 토기 전체의 조각이 발견되지 않고 일부만 발견되는 경우가 있는데, 나머지 조각들이 삭아 없어졌기 때문일까?

옥천 안터1호고인돌에서 출토된 토기 조각을 보자.

토기 전체가 아닌 일부 조각만이 출토되었는데, 나머지 부분은 삭아서 없어졌을까? 그러나 출토된 조각들의 선이 선명하게 남아 있어서 거의 삭지 않은 모습이므로, 나머지 부분이 삭아서 없어졌다는 것은 설득력이 없다.

조각을 맞춰 놓았는데 원형을 이루는 각도가 작아서 빗살무늬 토기의 깨진 잔해로 볼 수 없다. 이 각도대로 원형을 이룬다면 너무 거대해진다.

빗살무늬 토기의 깨진 조각이 아니라 원래 이 상태로 제작되었음이 분명하다.

창녕 비봉리유적에서 출토된 동물 무늬 토기편을 보자. "등 부분에 뾰족한 털과 앞부분에 두 다리를 표현하고 있어 멧돼지 종류로 추정된다."라고 한다(김해박물관). 멧돼지 형상의 좌측 부분은 선이 흰색인데, 우측 부분은 깊이 파서 두꺼운 선을 표현했으며 흰색이 아니다. 한 형상을 새기는데 다른 기법들이 적용된 것으로 보인다.

멧돼지 형상 절반만 남아 있는데, 토기가 깨진 조각일까? 그러나 토기편이 평평해서 토기를 복원하면 크기가 너무 커진다. 토기의 잔해가 아니라 처음부터 이 상태대로 조성된 듯하다.

멧돼지 형상을 절반만 새긴 토기 조각을 만들어 놓은 것은 유물들을 의도적으로 조성했음을 알 수 있도록 하기 위한 것으로 판단된다.

빗살무늬 토기편이다(『대구 오천년』).

우측 아래 조각을 다른 방향에서 보면 빗살무늬 선이 인물상의 머리카락과
눈을 이룬다.

눈동자가 표현된 뚜렷한 인물상이다.

하남역사박물관의 토기편을 보자.

빗살무늬 선을 가로지르는 선이 인물상의 뒷부분 윤곽선을 이루고, 엇나가게 그어진 선이 앞쪽 윤곽선을 이룬다. 홈을 파 눈을 표현했다.

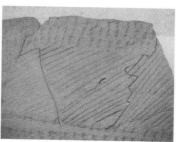

홈이 눈을, 선이 코와 입을 표시한 인물상이다.
눈과 이어지는 선이 뒤의 머리카락을 구분한다.

빗살무늬 토기편이라 한다(연세대학교 박물관). 그러나 빗살무늬 토기의 선들과
달리 선들이 어지럽게 교차하고 선의 굵기나 방향도 제각각이어서 빗살무늬 토
기의 조각은 아닐 것이다. 생명형상을 나타내며 형상이 중첩돼 표현된 듯하다.
원래 이 상태대로 제작된 예술품으로 보인다.

청주 장대리 출토 토기 바닥에 나타난 선에 대한 설명을 보자(청주박물관 도록).

"토기 바닥에 있는 나뭇잎 자국이다.

선사 시대에는 토기를 빚을 때 나뭇잎을 토기 바닥에 깔아 나중에 받침대와 토기가 떨어지

기 편하게 하였다"

그러나 나뭇잎을 깐다고 해도 나뭇잎의 골격만을 남기고 다른 부분을 모두 제거하지 않는다면, 이렇게 굵고 뚜렷한 선이 새겨지지 않을 것이다.

선들은 나뭇잎 자국이 아니라, 인위적으로 그어서 나뭇잎을 표현한 것으로 해석함이 타당해 보인다.

부산 동삼동 출토 '나뭇잎이 찍힌 토기 바닥'이다(부산박물관).
청주 장대리 출토 토기의 바닥과 달리 나뭇잎과 형태가 다르다.
선들은 나뭇잎 자국이 아닌 그은 것으로 보이며, 인물상을 표현한다.

입구 부분에 빙 둘러 구멍이 있는, 구멍무늬 토기의 조각이다.

구멍이 눈을 나타내고, 작게 홈을 파 입을 표시했다(하남역사박물관).

『암사지구 출토유물기획전』(경희대학교 중앙박물관, 주류성출판사, 2010.)에 실린
토기편이다. 얼굴 형태며 구멍이 눈을 나타내는 듯하다.

구멍이 눈을 나타낸다(공주박물관).

다수의 토기편이 원형을 이루지 않고 평평해 토기의 조각이 아니라 처음부터 그 형태대로 제작된 듯하다. 다수가 생명형상을 표현한 예술품이다.

토기편 유물은 발굴 지역이 유적지임을 알리는 중요한 기능을 한다.

(2) 온전한 토기

온전한 상태로 출토되거나, 복원하여 온전한 형태를 갖춘 토기를 살펴보자.

서울 암사동 출토 빗살무늬 토기 아랫부분에 여러 개의 구멍이 뚫려 있다(국립중앙박물관). 토기의 구멍이 "더 이상 훼손되지 않도록, 균열 부분을 끈으로 묶기 위한 것"이란 설명이 있다. 그러나 여러 조각으로 균열되었으므로 위아래나 옆쪽에도 엮기 위한 구멍이 있어야 한다는 점에서 설득력이 없다.

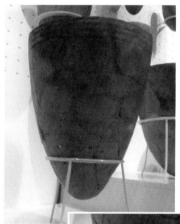

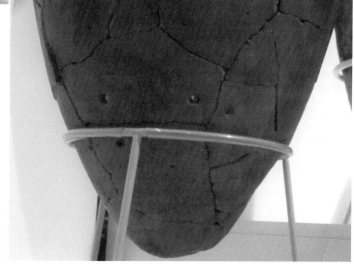

서울 암사동유적지 안내장에 실린 빗살무늬 토기다. 두 구멍이 눈을 나타내는 듯하다. 거꾸로 보면 균열된 선이 입을 이룬 인물상으로 보인다.

함께 출토된 빗살무늬 토기다(국립중앙박물관).

두 구멍이 눈을, 아래 구멍이 입을 표시한다.

토기의 구멍이 고인돌의 바위구멍과 같은 기능을 함이 명확히 드러난다.

울산 황성동 출토 토기다(울산박물관 도록).

흰색의 둥근 점이 돌출돼 있다.

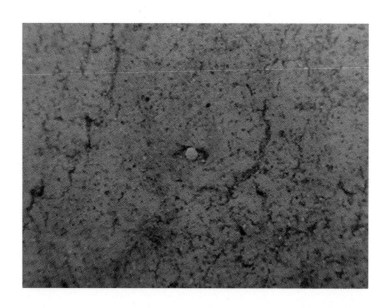

다른 방향에서 보면 둥글게 튀어나온 흰 점이 눈동자를 나타내는 듯하다.
주변 표면의 균열된 선이 윤곽선을 이룬다.

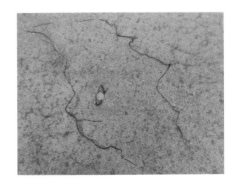

부여 송국리유적 자료관의 토기들을 살펴보자.

황토색의 표면에 검은 색감이 진하게 일부에만 나타난 이유는 무엇일까?

제조 과정 중 불에 구울 때 탄 것으로 보기 어렵다. 색을 입힌 것은 아닌지 연구가 필요해 보인다. 뚜렷하지 않으나 검은 색감이 눈을 나타내는 듯하다.

위 토기의 우측 입구 부분의 홈들이, 두 눈과 입을 표시하는 웃는 모습이 뚜렷하다.

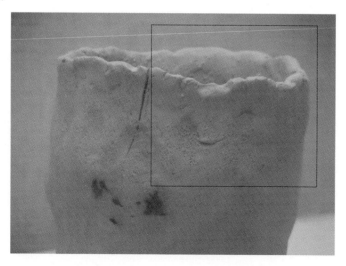

둥글거나 불규칙한 선이 그어져 있다.

옆에서 보면 둥근 두 눈과 일자의 입이 뚜렷하다.

　이처럼 선으로 그린 명백한 인물상은 토기와 유물에 생명형상을 새기고 있음을 증명한다. 발전 단계가 낮은 문명의 소산으로 여겨지는 토기를 제작해 놓았지만, 생명형상이 새겨져 있음은 고도 문명의 소산임을 의미한다.

연세대학교 박물관에 전시된 토기를 보자.

균열된 선이 윤곽선을 이루고, 검은 색감이 눈을 나타내 인물상을 이룬다.

코의 윤곽선이 뚜렷하다.

김천 송죽리 출토 토기를 보자(『영남문화의 첫 관문, 김천』).

균열된 선이 윤곽선을 이루고, 파인 홈이 눈과 입을 이룬 인물상이 중첩되어 있다. 우측을 바라보는 아래 형상의 우측 눈이 좌측을 바라보는 위 형상의 입을 이룬다.

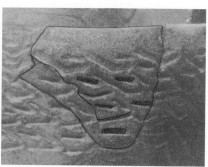

충주 금릉군에서 출토된 말 탄 사람 장식 토기다(청주박물관).
균열된 선이 인물상을 이룬다.

부산 동삼동 출토 빗살무늬 토기다(부산박물관).

균열된 선이 윤곽선을 이루고, 홈의 선이 눈과 입을 나타낸다.

7. 암각화

양평 문호리에서 출토된 신석기-청동기 시대의 물고기 그림이 새겨진 돌을 보자(경희대학교 박물관).

머리 부분은 온전하게 그리고, 몸통 뒷부분과 꼬리 부분은 그리지 않았다. 전체를 그리지 않고 일부만을 그리는 것으로 충분하다고 판단한 듯하다.

추상적 사고를 하지 않고서는 가능하지 않을 것이다.

밀양 신안유적의 암각화를 보자(김해박물관).

동심원이 한 눈이 되고 한 눈은 생략한 인물상이다. 선을 그어 입을 표시했다.

밀양 황성동유적의 암각화다(김해박물관).

안내판에서는 "돌칼이 새겨져 있다."라고 해설한다. 그러나 이는 위쪽의 뾰족함은 설명되나 아래쪽의 여러 선은 설명이 안 된다.

인물상이 중첩돼 있는 것으로 보인다. 큰 형상의 눈이 위쪽 작은 형상의 입을 이룬다.

위쪽의 중첩된 형상이다.

진안 수좌동에서 발견된 돌로 안내판에 "별자리가 새겨진 돌이다."라고 되어 있다(전주박물관). 인위적인 홈이 새겨진 돌에 나타난 맨 아랫부분의 꺾인 선도 인위적으로 그은 것으로 해석함이 타당하다.

두 구멍이 눈을, 선이 입을 표시하는 인물상으로 보인다.

고인돌과 크기만 다를 뿐 바위구멍과 선이 인물상을 표현함은 동일하다.

13장

청동유물

고인돌이 청동기 시대에 조성되었으므로, 청동유물에 대한 연구도 필요한데, 여기에서는 접근이 쉬운 청동거울과 농경문 청동기, 북한 평남 맹산 출토 청동 거푸집에 대해서만 살펴보기로 한다. 청동기 시대의 대표유물인 청동검과 기타 의 청동유물들은 자세하게 살펴보지 못했다.

1. 청동거울

전주박물관에 게시된 청동거울에 대한 설명을 보자.

태양의 상징, 청동거울

잔무늬거울은 한국식동검문화를 대표하는 거울인데 거울의 뒷면 중앙에 2~3개의 고리를 달고 나머지 공간에 정교한 집선문을 새긴 것이 특징이다. 햇무리를 형상화한 무늬를 새긴 잔 무늬거울은 신을 부르는 도구인 청동방울, 정치적 권위를 보여주는 한국식동검과 함께 주로 무덤에서 확인된다. 무덤에서 발견되는 잔무늬거울은 일부러 깨뜨린 듯한 흔적이 남아 있어 이 를 통해 당시의 매장 의례를 살펴볼 수 있다.

청동거울을 일부러 깨뜨려 매장했다는데, 다음 청동거 울의 깨진 부분을 자세하게 살펴보자.

얇게 새겨진 선들이 주조된 두꺼운 선을 지나며 뚜렷하게 이어지는데, 이런 형태로 주조할 수 없으므로 선들은 청동거울이 완성된 이후 그어진 것으로 해석된다.

우측 선의 윗부분이 주조된 두꺼운 선과 정확하게 이어지므로, 선을 분명한 의도를 지니고 새겼음을 알 수 있다.

선을 따라 아랫부분이 반듯하게 잘려 있으며, 가로 방향으로도 선에 맞추어 반듯하게 잘려 있다. 깨뜨려서 이렇게 형성될 수 없으며, 인위적으로 그은 선에 맞추어 잘렸으므로, 의도적으로 잘랐음이 명백하다.

청동 제품을 이렇게 자르려면 그에 합당한 도구가 있어야 할 것인데, 기계 장치가 활용되지 않고서는 불가능해 보인다.

일부가 떨어져 나간 다음 청동거울의 잘린 면은 깨뜨린 것으로 보기 어렵다
(대전선사박물관).

자른 것과도 다른 듯한데, 원래 이 상태로 주조한 것일 수도 있다.

거울로 활용될 수 없는 이런 형태로 제작해 놓은 이유는 무엇일까? 청동거울
의 용도가 거울이 아님을 알리기 위함인 듯하다.

청동 면에 반듯한 선을 긋고, 거기에 맞추어 자르려면 강철처럼 강한 금속 도
구나 기계 장치가 반드시 필요하다. 이는 당시에 발달한 기계 문명이 있었음을
추정게 하는데, 청동거울은 이를 알리는 목적으로 제작되지 않았을까 추정된다.

이후 시기에도 청동거울이 제작되는데, 이에 대해서는 살펴보지 못했다.

전주역사박물관에 게시된 전주 여의동 출토 청동거울 사진을 보자.

두 고리가 떨어져 나간 듯이 홈이 파여 있는데, 둥글어서 고리가 떨어진 것이 아니다. 의도적으로 파낸 홈구멍으로 보이는데, 형상의 눈을 표시하는 듯하다. 둥근 원을 이루는 선이 입을 나타낸다.

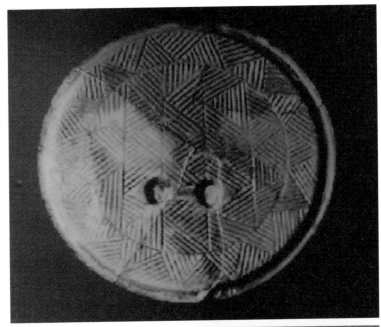

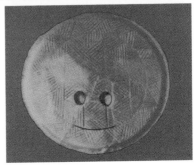

유물의 수가 적어 확정 짓기 어려우나, 고인돌의 바위구멍처럼 구멍이 형상을 표현하는 기능을 해 청동거울이 생명형상과 관련이 있음을 추정케 한다.

2. 농경문 청동기

서울 국립중앙박물관 소장 농경문 청동기를 보자(국민대학교 박물관 도록).
일부가 떨어져 나가 유실된 상태라 한다.

농경문 청동기라 부르는 이유는 쟁기질 하는 사람이 새겨져 있기 때문이다.
《KBS》에서 방영된 〈다시 보는 북한문화유산〉 '7편 고인돌 왕국 고조선'에 등
장하는 해설 그림을 보자. 먼저, 우측 부분이다.

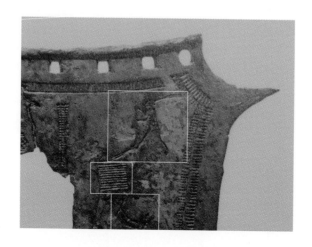

해설 그림으로 쟁기질하는 사람과 밭, 괭이질하는 사람의 모습이 새겨져 있다.

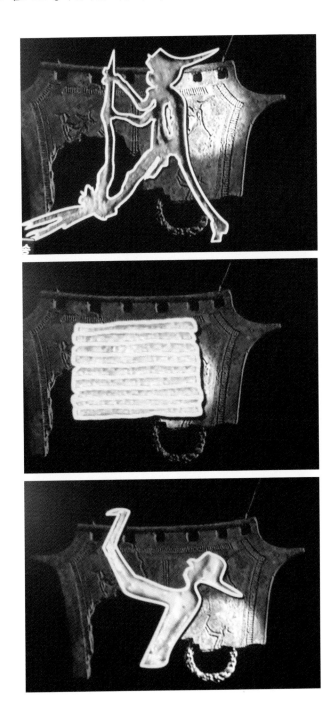

그런데 우측 부분 전체가 인물상의 형태를 나타낸다. 여기에 쟁기의 날 부분
이나 밭이 눈을 이룬다. 눈이 두 군데 이상 표현됨은 고인돌의 형상 표현법 중
하나다. 좌측의 머리카락 부분 경계선은 균열된 것이 아니라 처음부터 이 형태
로 주조한 것으로 보인다.

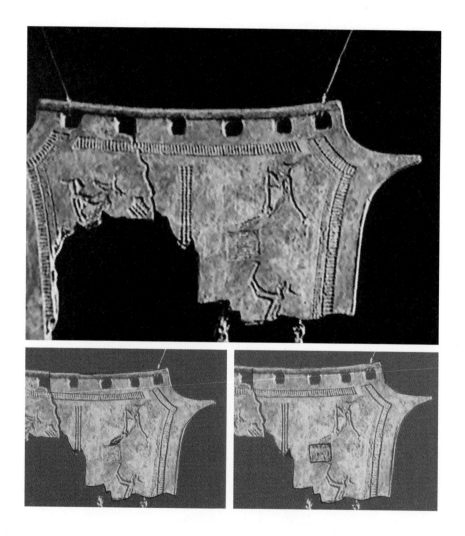

깨져 나간 부분이 정확하게 인물상의 형태를 나타냄은 의도적으로 이 상태로
깨뜨렸거나, 또는 주조했을 것으로 추정된다.

좌측 부분에 대해서는 사람이 수확한 곡물 등을 항아리에 넣는 형상이라 해설한다. 그러나 항아리가 작고, 넣는 물건도 항아리에 들어가기 적합하지 않은 모습이다.

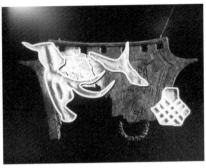

좌측 부분이 긴 머리를 늘어뜨린 여성으로 보인다.

이 부분을 가까이 보면 사람 얼굴이 뚜렷하다.

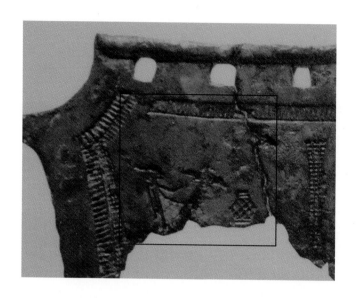

농경문 청동기가 생명형상을 새긴 주체에 의해 주조되었음이 잘 드러난다.

3. 청동거푸집

북한 평남 맹산에서 출토된 청동거울 거푸집을 보자(장경희, 『국립중앙박물관』, 예맥, 2012).

청동거울은 선이 아주 가늘고 원이 다수 나타나 있다. 책에는 "오늘날의 최첨단 컴퓨터 제도로만 가능할 정도로 극 세밀한 선이다."라고 기술한다.

거푸집은 원이 나타나지 않고, 특히 선이 굵어서 옆에 함께 게시된 청동거울의 거푸집이 될 수 없다. 청동거울에 없는 나선형 무늬도 세 군데 보인다.

청동거울의 고리를 주조하기 위한 것으로 보이는 파인 홈도 청동거울의 고리는 그렇지 않은 데 반해, 거푸집의 파인 곳은 서로 홈으로 연결돼 있어 관련이 없다.

위쪽의 솟은 곳이 머리카락이 되며, 나선형 무늬가 두 눈을 이룬 인물상이다. 파인 홈이 코를 나타내며 아래의 선이 입이 된다.

옆으로 보면 나선형 무늬가 두 눈을 이루고, 파인 홈이 코와 입을 이룬 인물
상이다.

　나선형 무늬와 바위구멍 등의 홈이 눈과 코·입을 이루어 생명형상을 표현하는 기능을 함은 외국의 유물에서도 확인할 수 있다.

　일본 요나구니섬 해저에서 유적이 발견되었다고 한다.
　여기에서 발견된 판석들에 무늬가 새겨져 있는데, 청동거울 거푸집에 나타난 것과 유사한 나선형 무늬가 눈의 기능을 하는 듯하다. 코가 크게 그려지고, 인중과 입을 선으로 그렸다.

요나구니섬은 대만 가까이에 있는 작은 섬인데, 여기에서 발견된 유물의 나선형 무늬가 청동거울 거푸집에서처럼 형상의 눈을 나타낸다. 이는 요나구니 유적이 청동거울 거푸집을 만든 주체와 관련이 있을 수 있음을 암시한다.

이곳을 거꾸로 보면, 마찬가지로 나선형 문양이 형상의 눈을 나타낸다.

인터넷에서 캡처한 요나구니 유물을 더 살펴보자.

나선형 무늬와 원에 둘러싸인 'N'이 눈을 이룬다. N이 알파벳 N인지 의문이다. '사람(人)' 자를 옆에서 바라본 것과 유사한 홈이 입을 이룬다.

다른 방향에서 보면 나선형 무늬가 눈을 이루고, 사람(人) 자와 유사한 홈이 입을 이룬다.

실물을 볼 수 없어 분석에 한계가 있는데, 이외에도 여러 형상이 새겨져 있을 것으로 추정된다.

인터넷에서 캡처한 것으로, 기원전 7,500년경에 영국의 바위에 새겨진 동심원이라 한다. 함안 도항리고인돌에 새겨진 동심원과 유사한데, 선이 굵고 가운데 구멍이 큰 차이가 있다. 유물의 정확한 위치나 이름은 파악하지 못했는데, 불완전하지만 보이는 그대로를 분석해 보자.

동심원이 인물상의 눈을 표시함이 명확하다.

우측으로 약간 돌려서 보면 인물상임이 더욱 뚜렷하다.

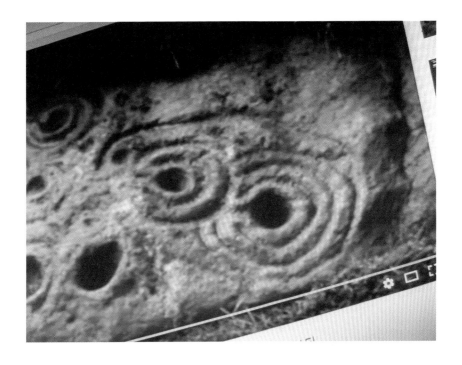

　실물을 확인하면 동심원과 구멍들이 표현하는 다수의 형상이 새겨져 있을 것으로 판단된다.

　세계 여러 곳의 바위에서 바위구멍이 발견된다는데, 확인하지는 못했지만 고인돌의 바위구멍과 같은 기능을 할 것으로 추측된다.

몽골 턱럭인후레 지역의 바위구멍이다(대한민국 문화재청 국립문화재연구·몽골 과
학아카데미 역사고고학연구소 편, 『몽골의 문화유산. 4』, 대한민국 문화재청 국립문화재연
구소; 몽골 과학아카데미 역사고고학연구소, 2015).

바위구멍이 인물상을 표현함이 뚜렷하다.

서울 우리옛돌박물관 석상의 나
선형 무늬 눈은 앞에서 본 나선형
무늬가 눈을 나타냄을 증명한다.

4. 다뉴세문경

숭실대학교 박물관에 전시된, 논산에서 출토된 청동거울 다뉴세문경은 섬세한 무늬로 청동기 시대 최고의 걸작품으로 꼽힌다.

다뉴세문경
多鈕細文鏡

한 장인이 재현에 성공했다고 하는데, 인터넷에서 확인해 보니 활석 거푸집에 정밀하게 선을 새기고, 컴퍼스의 원리를 이용한 도구를 제작하여 여러 겹의 동심원을 한꺼번에 그리는 방식으로 재현해 내고 있다.

컴퍼스의 원리를 활용하니 축이 되는 곳에 작은 홈이 파이게 되는 데 반해 진품 다뉴세문경은 축에 홈이 파이지 않고, 부정확한 원이 그려진 차이점이 있다. 따라서 완전한 재현은 아닌 듯하다.

우측 동심원을 통과하는 반듯한 선이 그어져 있고, 좌측 동심원을 통과하는 선은 동심원을 통과한 후 꺾여 이어지고 있다. 청동거울을 제작한 후 선을 긋고 있음이 잘 드러난다.

청동거울의 선이 최첨단 컴퓨터 제도로만 가능할 정도로 극 세밀한 선이라고 하는데, 이런 선을 새기려면 도구 또한 지극히 가늘고 날카로워야 한다. 가늘면서도 활석에 선을 새기기 위해서는 강도도 강해야 하므로 현대와 같은 금속도구가 없이는 불가능하다. 실제로 이를 재현한 장인도 이런 금속 도구를 제작해 사용하고 있다.

다뉴세문경을 제작하기 위해서는 무른 청동기가 아닌 강한 금속의 존재가 필수이다. 이는 지금까지의 청동기 시대에 대한 문명과 역사 이론에 맞지 않는다. 청동기 시대 및 선사 시대의 기술 문명의 발달 수준이 현대와 같거나 넘어설 수도 있음을 증언한다.

지금까지 도구나 시대 등의 용어를 편의상 기존의 이론에 따라 이름 붙인 그대로 사용하고 있으나, 밝혀진 모든 사항을 반영하여 새롭게 연구가 진행되어야 할 것으로 생각된다.

14장

조개더미유적지가
기획하에 조성된 증거

시대 구분의 기능을 하는 유물의 실체가 석기나 토기 등의 생활용품이 아니라 생명형상을 표현한 예술품이며, 이를 의도적으로 제작해 놓았음을 살펴보았다.

따라서 이들 유물의 출토지인 유적지도 의도적으로 조성해 놓은 것인지에 대한 조사가 필요해 보인다. 이와 관련해 유적지가 많고 다수의 유물이 출토되어 분석하기 적합한 조개더미유적지를 기획하에 조성해 놓은 것인지를 살펴보자.

조개더미유적은 '패총'으로 부르기도 하는데, 전국에서 600여 곳의 조개더미유적이 조사되었다고 한다(한국문화재조사연구기관협회 편, 『한국의 조개더미유적』, 한국문화재조사연구기관협회, 2011). 일반인의 예상을 넘어서는 많은 수다. 이렇게 많은 수의 조개더미유적이 자연스러운 생활의 결과물일까? 그 실체를 파악해 보자.

1. 층위의 모순

재현해 놓은 조개더미유적에 많은 흙이 함께 쌓여 지층을 이루고 있다(국립중앙박물관). 조개껍데기보다 흙의 양이 훨씬 많다.

조개더미유적을 연세대학교 박물관, 목포대학교 박물관, 김해 봉황동 조개더미유적지 등 여러 곳에 재현해 놓았는데, 모두 국립중앙박물관에 재현해 놓은 것과 유사하다. 많은 흙 사이에 조개껍데기가 끼어 있듯이 쌓여 있는 모습이다.

그런데 태안 고남패총박물관에 재현해 놓은 고남패총은 흙과 섞이지 않고, 조개껍데기만이 쌓여 있다.

고남패총박물관의 안내판 설명에 의하면 "패각층은 흙과 패각의 비율에 따라 조개껍데기만 쌓여 있는 순패층과, 패각과 흙이 섞여 있는 혼토패총으로 구분한다."라고 한다.

조개더미유적이 생활의 결과물로 조개를 식용 후 버린 조개껍데기가 쌓인 것이라면 이처럼 조개껍데기만이 집중적으로 쌓여 있어야 할 것이다. 그런데 많은 조개더미유적은 조개껍데기와 흙이 혼합해 쌓인 형태다. 조개더미유적의 흙은 인위적으로 첨가하지 않으면 조개껍데기가 쌓이는 기간 동안 쌓일 수 없을 만큼 많은 양이다. 조개를 식용하는 생활에 따라 자연적으로 생겨난 것이 아니라 인위적으로 조성해 놓았을 가능성이 크다.

땅 위로 높이 솟은 조개더미유적들이 있는데, 쓰레기 버리는 곳이 높이 솟아 있다면 버리기도 힘들 것이며. 많은 양의 흙이 섞여 쌓일 이유도 없어, 의도적으로 쌓지 않고서는 형성되기 어려워 보인다.

웅진 모이도유적

해남 군곡리유적: 규모는 높이 약 26m의 구릉을 중심으로 너비 약 200m, 길이 약 300m이고, 면적은 약 2만여 평에 이른다(〈해남, 해양교류의 시작〉 도록).

김해 봉황동유적 안내판에 게시된 초기 발굴 당시의 모습이다.

　저지대가 아닌 땅 위로 높이 솟은 조개더미 위에 다량의 흙이 자연적으로 쌓일 요인이 없다. 높은 위치에 흙이 쌓이려면 토사가 바람에 의해 운반되어야 하는데, 다량의 토사는 바람에 의해 운반되기 어렵다. 그리고 조개더미에 비가 내리면 배수가 잘 되므로 물이 흙을 씻어내 쌓이기 어렵다.

　따라서 지층을 구분하는 층위가 나타날 수 없는데, 실제로는 나타난다. 게다가 김해 봉황동 조개더미유적의 층위는 1층에서 100층으로 구분된다고 한다(김해박물관).

　자연적으로 형성된 것이 아닌 유적지이므로 인위적으로 흙을 쌓아 층위를 이룬 것은 아닌지 심도 있는 연구가 필요해 보인다.

2. 섬의 조개더미유적

서해와 남해의 섬에서도 유적이 발견되는데, 제주도는 큰 섬이므로 가능성이 있다. 그러나 서·남해안의 많은 섬과 육지에서 멀리 떨어진 흑산도·가거도까지 신석기 유물이 발견되는 조개더미유적이 형성된 것은 이해하기 힘들다.

소수의 인구가 거주하는 섬에 다량의 조개껍데기가 발생하기 어려움은 현재의 섬 상황과 비교해도 알 수 있다. 멀리 격리된 섬에서 동일한 형식의 빗살무늬토기가 자체적으로 제작될 수 있는지도 의문이다.

섬의 조개더미유적은 생활의 결과로 생겼다기보다 인위적으로 조성해 놓았을 가능성이 커 보인다.

붉은 점이 유적지를 나타낸다(『한국의 조개더미유적』).

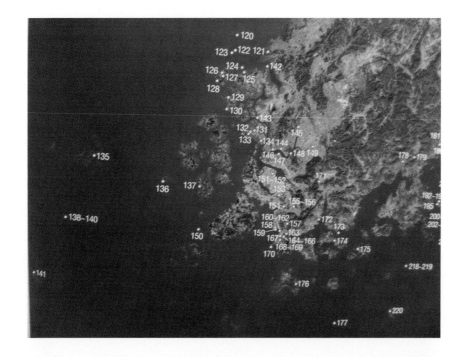

3. 내륙의 조개더미유적

바다에서 멀리 떨어진 김해 중심부에 위치한 봉황동 조개더미유적지 앞까지 과거엔 바다였다고 추정한다(봉황동유적 안내판). 바다 조개를 채집하여 생활하려면 바다에 인접해 있어야 하고, 실제로도 600여 곳의 조개더미유적지가 대부분 바닷가에 위치하기 때문일 것이다.

이처럼 바닷가에 존재해야 할 조개더미유적이 내륙에서도 발견되었다. 창녕 비봉리와 밀양의 의산리·큰검세·송지리·수산리·양동리·금포리·귀명리유적이다(『한국의 조개더미유적』).

김해 봉황동유적의 예를 적용하면, 창녕이나 밀양의 조개더미유적지 앞까지 바다였다는 논리가 성립하여 모순된다.

조개는 채취 후 시간이 지나면 쉽게 상하고, 거리가 멀면 운반이 어려우므로 바다 조개껍데기로 이루어진 조개더미유적은 당연히 바닷가에서 발견되어야 한다. 내륙 깊숙한 곳에서 발견됨은 조개더미유적들이 기획하에 조성해 놓은 것을 알리는 장치로 보인다.

172

창녕 비봉리 조개더미유적에서 우리나라 최초로 7,700년 전의 신석기 시대 배가 출토된 것도 이를 방증한다. 배에 세 군데 구멍이 뚫려 있어 의도적으로 매몰해 놓은 것으로 추정되기 때문이다. 배에 구멍이 있을 리 없다. 토기의 구멍과 마찬가지다. 특히 다음 구멍은 정교해 가락바퀴 등 석재 유물의 구멍과 같아 보인다(김해박물관).

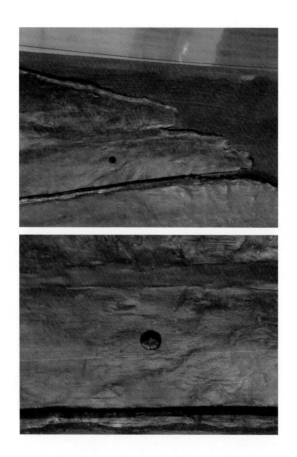

배의 발견 과정을 인터넷에서 보니("꿈에서 먼저 만난 유물 -비봉리 신석기 배", https://blog.naver.com/fpcp2010/221389443094), 발굴자가 꿈에서 보고 다음 날 발굴하였다고 한다. 처음부터 배가 있을 수 있다는 일념으로 발굴에 임해서 꿈에 나타난 듯한데, 특이한 일이 아닐 수 없다.

4. 조개더미 출토유물의 생명형상

(1) 석기

통영 상노대도 조개더미유적지 출토 '빗살무늬가 새겨진 대패날'을 보자(연세 대학교 박물관). 날카롭지 않은 작은 돌이 대패의 날은 아닐 것이며, 인물상을 새 긴 예술품으로 보인다. 물에 젖은 듯 검은 부분이 나타나 있는데, 그 안에 둥글 게 흰 부분이 있어 눈동자를 나타낸다. 한 눈은 가볍게 처리했다. 선이 입을 표 시하며, 둥글게 선을 그어 머리카락과의 구분선을 표시했다.

(2) 토기편

김해박물관에 김해 봉황동 조개더미유적지에서 출토된 많은 토기 조각이 전시돼 있는데, 생명형상이 뚜렷하게 나타난 경우는 많지 않다. 이처럼 많은 수에 형상이 나타나지 않기 때문에 토기 조각이 형상을 나타냄을 발견하지 못했을 것이다.

토기 조각은 형상이 나타나지 않더라도 출토지가 유적지임을 알려 주는 중요한 기능을 한다.

세 개의 홈이 전체적인 형태와 어울리며 두 눈과 입을 표시해 인물상을 표현하고 있다.

연세대학교 박물관에 전시된 통영 상노대도 조개더미유적지 출토 토기편을 보자.

인물상으로 인지하고 설명 그림을 그렸는지 알 수 없지만, 웃고 있는 인물상 이다. 홈으로 눈을 표시하고 선으로 입을 그렸다.

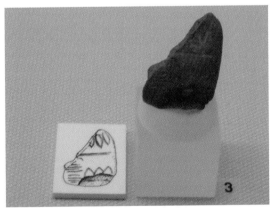

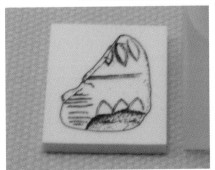

　정사각형의 토기편이 토기가 깨지는 과정에서 우연하게 생겨날 리 없어 토기편이 아니라 처음부터 이 상태로 제작되었음을 입증한다.

　깔대기형 구멍은 반월형 돌칼에서 자주 볼 수 있어 반월형 돌칼과 토기가 동일한 주체에 의해 형성되었음을 추정케 한다.

구멍이 한 눈을 이루고, 선 무늬가 눈과 입을 나타내 인물상을 표현한 듯하다.

짧은 선의 무늬들이 두 눈과 입을 반복해 표시하며, 인물상이 중첩해 있다.
옆 형상의 한 눈이 다른 형상의 입을 이룬다.

(3) 동물뼈

군산 남전 조개더미유적 출토 동물뼈를 살펴보자(전주박물관).
단단한 둥근 뼈에 정교하게 선이 새겨져 있다.

정교한 선들이 정확하게 간격을 유지한 채 그려져 있으며, 문양도 새겨져 있
다. 단단한 뼈에 좁은 간격의 선들을 강한 강도의 금속 도구나 기계 없이 새길
수는 없을 것이다.

얇은 뼈에 힘을 가해 구멍을 조밀하게 새기면, 뼈가 부서질 것이다. 드릴처럼 강한 회전력을 가진 도구로 힘을 가하지 않고 뚫지 않고서는 가능하지 않은 모습이다. 홈들이 11장 돌검의 제작 방법에서 살펴본 돌검 손잡이의 구멍과 유사해, 같은 기술이 적용된 듯하다.

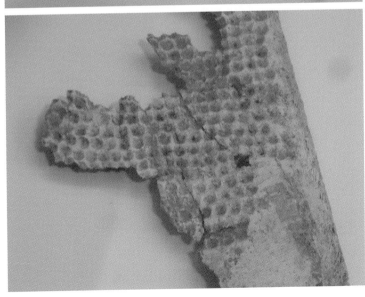

과거 회현리 조개더미로 불리던, 김해 봉황동 조개더미유적에서 출토된 동물 뼈를 점치는 뼈라 하는데(김해박물관), 앞에서 설명했듯이 뼈에 구멍을 뚫는 것이 점치는 것과 어떤 관련이 있는지에 대한 설명이 없다.

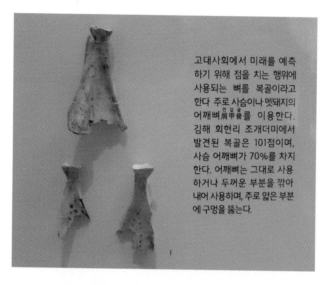

고대사회에서 미래를 예측하기 위해 점을 치는 행위에 사용되는 뼈를 복골이라고 한다 주로 사슴이나 멧돼지의 어깨뼈肩甲骨를 이용한다. 김해 회현리 조개더미에서 발견된 복골은 101점이며, 사슴 어깨뼈가 70%를 차지한다. 어깨뼈는 그대로 사용하거나 두꺼운 부분을 깎아내어 사용하며, 주로 앏은 부분에 구멍을 뚫는다.

뼈에 인물상이 새겨져 있다. 구멍이 두 눈과 코, 입을 표시한다.

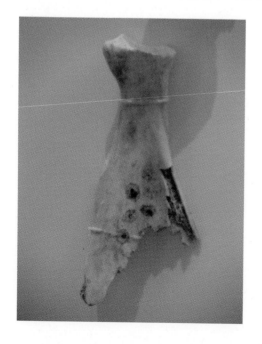

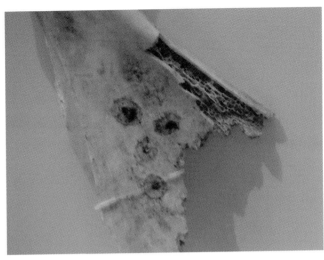

앞에서 살펴본 연세대학교 박물관에 전시된, 단양 상시 3바위그늘유적 출토 발화석과 거의 동일한 형태다.

이처럼 출토유물에 생명형상이 새겨져 있음은 조개더미유적이 의도를 지니고 인위적으로 조성되었을 가능성이 큼을 의미한다. 이는 유적지 조성 당시의 문명이 상당한 수준으로 발달한 문명이어야 가능하다.

(4) 분석

생명형상과 관련이 없지만, 조개더미유적이 의도적으로 조성해 놓은 것임을 보기 위해 분석을 살펴보자.

완도 어서도 조개더미유적 출토 개의 분석이다(목포대학교 박물관).

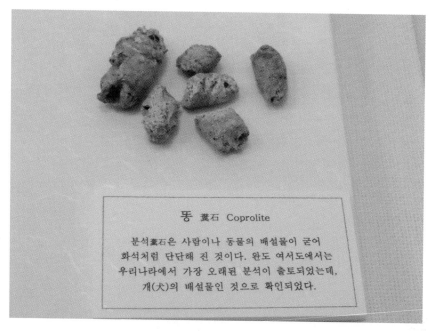

> **똥 糞石 Coprolite**
>
> 분석糞石은 사람이나 동물의 배설물이 굳어 화석처럼 단단해 진 것이다. 완도 여서도에서는 우리나라에서 가장 오래된 분석이 출토되었는데, 개(犬)의 배설물인 것으로 확인되었다.

조개더미에 버려진 똥이 굳어 화석처럼 단단해지는 것이 가능할까? 야외의 비가 내리는 장소에서 똥이 단단하게 굳을 수 없고, 땅에 묻혀도 습기 때문에 썩어 버리므로 단단하게 굳는 것은 생각할 수 없다. 이미 단단한 뼈가 화석이 되는 것과는 다르다. 의도적으로 똥을 굳힌 다음 매몰한 것으로 추정함이 타당하다.

개의 분석을 남긴 이유는 조개더미유적이 생활에 따른 자연스러운 결과물이 아닌, 의도적으로 조성해 놓은 것임을 입증하기 위한 것으로 추정된다.

5. 김해 봉황동 조개더미 위의 바위

조개더미는 조개껍데기가 쌓여 있는 것이므로 자연적으로는 위쪽에 큰 바위가 있을 수 없다. 그런데 김해 봉황동유적 정상 부위에 큰 바위가 있으며, 암반을 이룬 곳도 있다. 사람이 인위적으로 옮겨 놓지 않으면 큰 바위가 있을 수 없다. 이는 조개더미유적이 단순히 조개껍데기를 버린 쓰레기장이며, 이 과정에서 쓸모 없어진 물건도 함께 버려진 것이 아니라, 의도적으로 조성되었음을 증명한다.

정상부의 모습으로 높은 지형을 이룬다.

정상부에 나타난, 산의 암반이 침식으로 드러난 듯한 모습이다.

위 암반 조금 아래쪽에 바위가 놓여 있다.

　조개더미 위에 자연적으로 바위가 있을 리 없다. 모두 옮겨 놓았을 것인데, 쉽게 무너져 내리는 조개더미 위쪽에 큰 바위를 어떻게 옮겼을까? 바위를 줄로 끄는 방법은 바위의 무게 때문에 약한 조개더미가 무너져 내려 불가능할 것이다. 이는 바위를 옮기는 다른 수단이 있었음을 시사한다.

　조개더미 위에 고인돌처럼 옮겨져 있는 바위는 조개더미유적이 고인돌을 조성한 주체와 밀접한 관련이 있음을 의미한다. 줄로 끌어 조개더미 위로 큰 바위를 옮길 수 없듯이, 고인돌 바위도 줄로 끌어 옮긴 것이 아니라는 것을 방증한다.

　표면에 나타난 검은 색감도 고인돌을 조성한 주체와 관련이 있음을 뒷받침한다.

　이끼로 보기에는 검은색이 너무 짙다. 전작에서 언양 작천정 인근 산의 바위에서 유사한 것을 살펴보았는데, 인위적으로 색을 입힌 것으로 추정된다. 고인돌의 표면이 입혀진 것과 동일하다.

조개더미 위쪽에 놓인 암반과 바위가 인위적으로 옮겨졌다면 생명형상과 관련이 있을 수 있다. 이에 대해 살펴보자.

바위구멍이 새겨져 있다. 얕게 새겨져 있어 알아보기 어려우나, 바위구멍이 분명하며, 두 눈을 이룬다.

바위구멍이 눈을 표시하며, 선이 윤곽선을 그린다.

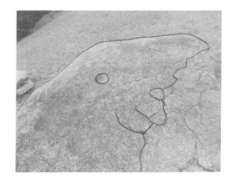

두 바위구멍이 눈을 표시하며, 선이 윤곽선을 그린다.

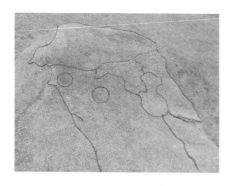

선이 형상을 그린다.

위 형상 위쪽에 긴 머리를 늘어뜨린 듯한 여성상이 나타나 있다.

암반이 갈라져 있다.

균열된 선이 두 눈과 코, 입을 표시해 미소 짓는 인물상을 나타낸다.

암반처럼 보이는 바위와 고인돌처럼 보이는 바위 모두에 생명형상이 나타나 있어, 고인돌을 조성한 주체에 의해 바위들이 옮겨졌음을 시사한다.

출토유물에도 생명형상이 뚜렷하므로, 조개더미유적이 기획하에 의도적으로 조성되었음이 증명된다.

15장

박물관별 유물의
생명형상

앞에서 살펴본 유물들은 각 지역의 국립박물관 등 큰 규모 박물관 위주의 유물들이었다. 이후 대학이나 지방의 소규모 박물관을 살펴보았다. 이렇게 방문한 사료들을 앞에 삽입해도 되겠지만, 박물관별로 살펴보는 것도 의미가 있을 것 같다.

대학이나 지방의 박물관 중에는 고대유물이 전혀 전시돼 있지 않은 경우도 있다. 또한, 단지 몇 점만이 전시돼 있는 경우도 있다. 이 가운데에도 생명형상과 관련해 아주 특징적인 유물이 있어 소규모의 박물관도 방문할 필요가 느껴졌다. 고대 유물이 단 몇 점만 전시돼 있는 각 지역의 박물관에서도 특징적인 유물들이 발견됨은 유물 분포의 특이성이기도 하다.

전시된 유물을 한 방향에서만 살필 수 있고, 빛이 반사돼 사진을 찍을 수 없거나 규모가 아주 작은 경우 자동 카메라로 찍을 수 없는 한계가 있었음을 감안하면서 보기로 한다.

1차로 방문한 대형 박물관도 다시 방문해 보니 1차에서 보지 못한 형상들이 다수 발견되었다. 특히 토기에서 그렇다. 고인돌과 마찬가지로 살펴볼수록 미처 보지 못한 형상들이 더 발견될 것으로 판단된다. 이렇게 발견한 대형 박물관의 유물들도 함께 살펴보기로 하자.

1. 국립나주박물관

석기에 가늘고 긴 선들이 그어져 있다고 한다.

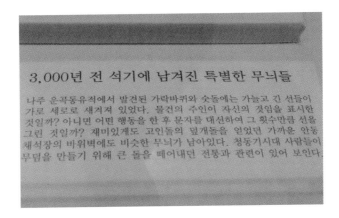

3,000년 전 석기에 남겨진 특별한 무늬들

나주 운곡동유적에서 발견된 가락바퀴와 숫돌에는 가늘고 긴 선들이 가로 세로로 새겨져 있었다. 물건의 주인이 자신의 것임을 표시한 것일까? 아니면 어떤 행동을 한 후 문자를 대신하여 그 횟수만큼 선을 그린 것일까? 재미있게도 고인돌의 덮개돌을 얻었던 가까운 안동 채석장의 바위벽에도 비슷한 무늬가 남아있다. 청동기시대 사람들이 무덤을 만들기 위해 큰 돌을 떼어내던 전통과 관련이 있어 보인다.

앞에서 석기에 선을 그어 형상을 새기고 있음을 보았는데, 인위적으로 석기에 선을 긋고 있음이 입증된다.

가락바퀴에 그어진 선들의 해설 그림이다.
실물이 작아 선을 살펴보기 어렵다.

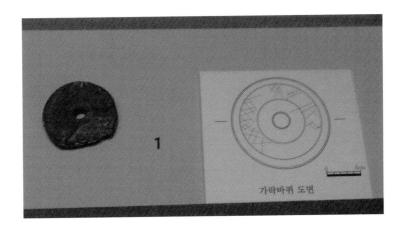

가락바퀴 도면

나주 운곡동유적 출토 숫돌에 그어진 선 무늬를 살펴보자.

선이 그어져 무늬를 나타낸다고 해설하는데, 해설 그림의 선들이 인물상을 표
현하는 듯하다.

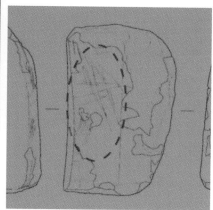

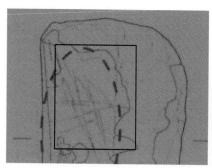

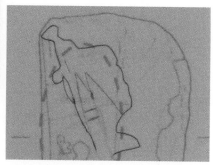

해설 그림과 같은 지점을 실물에서 보자. 해설 그림과 약간 다르다.
선들이 인물상을 새기고 있음이 뚜렷하다.

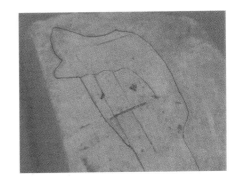

영암 장천리유적의 청동기 시대 민무늬 토기다. 둥글게 균열된 선이 보이는데, 자연적으로 나타날 가능성이 희박한 모습이다. 특히 수가 적은 유물에 우연하게 나타날 가능성은 더욱 없어, 인위적 현상으로 해석함이 타당하다.

둥글게 균열된 선이 윤곽선을 이루고, 다른 균열된 선들이 입이 뚜렷한 인물상을 나타낸다.

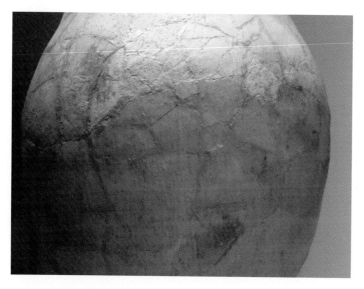

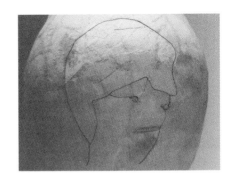

위 형상의 눈이 눈을, 입이 입을 나타내는 내부에 중첩돼 있는 형상이다.

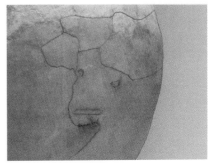

2. 한남대학교 박물관

박물관에는 전시되지 않은, 박물관 도록에 실린 옥천 대천리 출토 갈판을 보자.

전체적으로 조각난 것인지 일부는 금만 간 것인지는 불확실하지만, 조각조각 깨진 것을 맞추어 놓은 모습이다.

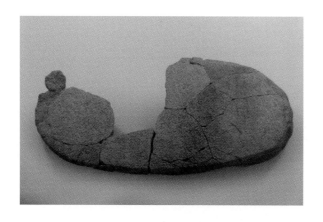

다수의 박물관에 갈판과 갈돌이 한두 개씩 전시돼 있는데, 크기가 작고 평평해 절구에 비해 활용도가 크게 뒤질 것이다. 박물관에 한두 개씩 양념처럼 또는 구색을 맞추듯이 전시돼 있는 갈판과 갈돌은 도자기에 비해 토기의 효능이 크게 뒤지듯이, 낮은 수준의 문명을 상징하는 듯하다.

갈판에 생명형상이 새겨져 있는지 살펴봐도 뚜렷하지 않았다. 그러다 한남대학교 박물관 도록에 실린 깨진 갈판을 보니 생명형상을 새김이 확연했다. 어떻게 돌을 의도대로 가를 수 있는지는 알 수 없으나, 가를 수 있었음이 명백해졌다.

돌을 이처럼 의도한 대로 가를 수 있었다면, 토기도 의도한 대로 균열시킬 수 있었음이 분명하다.

깨져 나간 부분이 윤곽을 이루어 전체로 형상을 나타내지만, 내부에 더 뚜렷한 인물상이 중첩돼 있다.

박물관 도록에 실린 대전 세천동 출토 반월형 돌칼은, 다른 돌칼에 비해 너무 커 반월형 돌칼의 실체에 의문을 제기한다.

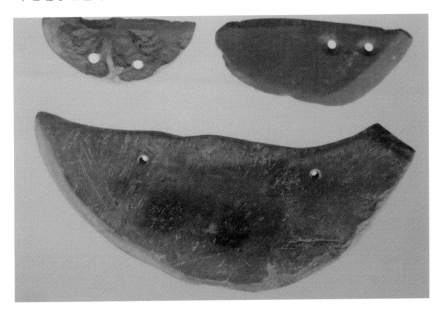

박물관의 실물은 반대 면이 전시돼 있는데, 색감이 완전히 다르다. 자연 상태의 돌이 아닌, 얇게 다듬어 제작한 돌칼의 양면의 색감이 다름은 표면을 변화시켰음을 의미한다.

전체적인 형태와 작은 홈들이 어울려 인물상을 나타낸다.

다음 반월형 돌칼은 구멍이 형상의 눈을 나타낸다. 검은 바탕에 입혀진 것으로 보이는 옅은 황토색을 다듬어 입모양을 뚜렷하게 표시했다.

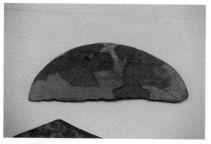

박물관 도록에 실린 돌화살촉이다.

좌측의 화살촉은 수작업으로 갈아서 제작하기 불가능해 보인다.

중간의 화살촉 표면은 고인돌에서 볼 수 있었던 것처럼 어두운 색의 원석에 밝은색 물질을 입힌 것으로 추정된다.

3. 충남대학교 박물관

박물관에 반월형 돌칼의 제작 과정이 게시돼 있다.

 박물관에 전시된 우측 부분이 인물상을 나타내는 듯한 다음 삼각형 돌칼은 위의 방법대로 제작하지 않았음은 명백하다. 색이 서로 다른 돌을 붙였거나 한 쪽의 색을 바꿨다. 고도의 발달된 문명의 소산임이 분명하다.

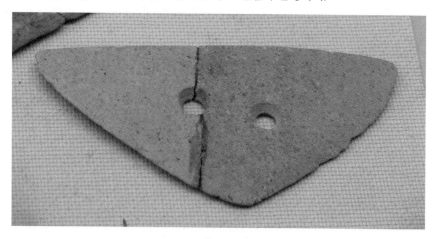

　대전 궁동유적의 다음 토기는 위 삼각형 돌칼처럼 서로 다른 토기 조각을 맞춰 놓은 듯하다. 색만 다르게 한 것이라면 균열된 선을 따라 색감이 서로 다른 이유를 설명할 수 없다. 토기를 성형 후 잘라서 색을 입힌 후 다시 붙여 놓았을 가능성이 크다.

　궁동유적은 원삼국 시대의 유적이라고 하는데, 원삼국 시대로 규정된 시대에 대한 재조사가 필요해 보인다.

4. 양구선사박물관

박물관에 전시된 춘천 거두리유적의 반월형 돌칼이다.

박물관 도록에 실린 반대 면의 모습이다.
앞·뒤 면의 색감이 달라 색을 입힌 것으로 추정된다.
구멍을 지나는 균열선 우측 부분이 인물상을 나타낸다.

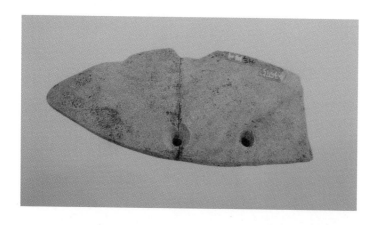

강릉 초당동유적의 민무늬 토기다. 표면에 곡선이 보이는데, 균열된 것과 달라 의도적으로 그은 듯하다.

5. 국립춘천박물관

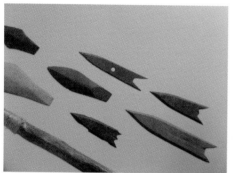

다양한 돌화살촉의 모습이다. 수작업으로 이처럼 다양한 형태로 정교하게 제작하기 어려워 보인다. 설령 가능해도 무한 노력이 소요될 것이다.

좌우 구멍의 형태가 다르다.

좌측 구멍은 이중이며, 우측은 깔대기형이다.

구멍을 송곳을 이용한 단순 수작업으로 뚫은 것이 아님을 입증한다.

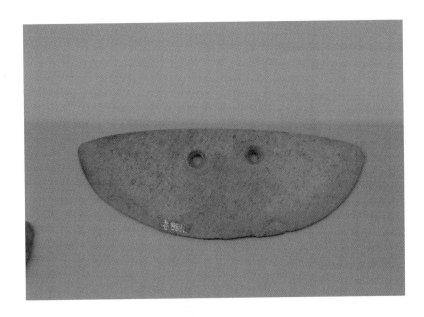

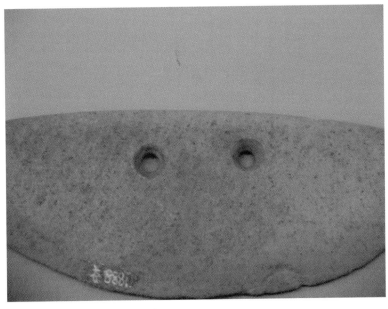

다양한 형태의 토기편이다. 앞에서 설명했듯이 토기의 조각이라기보다, 처음부터 이 모습대로 제작해 놓은 것일 수 있다.

무늬로 새겨진 홈이 눈을, 얕게 그어진 선이 입을 표시한다.

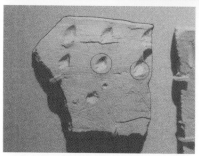

양양 가평리에서 출토된 나뭇잎
이 찍힌 토기라고 한다. 좌우가
다른 형태여서 나뭇잎 자국으로
보기 어렵다. 인위적으로 그은 선
이 분명하다.

세울 수 없는 대형 토기들이 실용품으로 제작되었다고 보기 어렵다. 함께 전
시된 안정적인 소형 토기와 비교해도 이치에 맞지 않는다. 밑이 뾰족한 빗살무
늬 토기처럼 의도적으로 제작해 놓은 것으로 추정된다.

　우연히 파인 것으로 보기 어려운 두 홈이 눈을 나타내는 듯하다. 균열된 선이 윤곽선을, 반듯하게 그어진 선이 입을 표시한다. 색감이 턱 부위 윤곽선을 이룬다.

밑이 뾰족해 세울 수 없는 큰 항아리 중, 검은 색감이 나타난 두 항아리를 보자.

다음 항아리는 조각편의 색감이 다르다. 토기 제작 과정에서 조각내어 색감을 입힌 후 다시 조립한 것으로 추정된다.

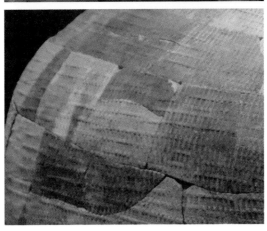

검은 색감과 균열된 선이 인물상을 표현하는 기능을 한다.

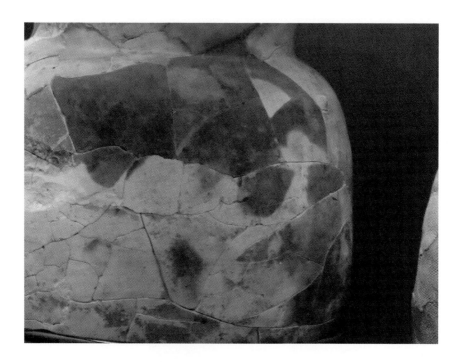

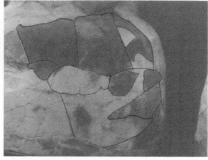

6. 강원대학교 박물관

돌검의 실체에서 설명했듯이, 돌의 자연적인 무늬가 칼날 끝에서 동일한 모습
으로 모아질 이유가 없다. 무늬를 입힌 것으로 추정함이 타당하다.

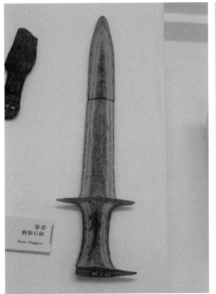 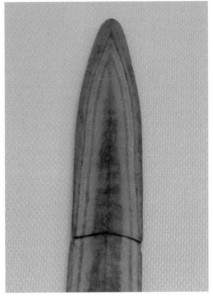

일부가 깨진 반월형 돌칼의 구멍이 여러 층을 이룬다.

춘천 온의동유적의 청동기 시대 유물이라 한다.

홈이 눈을 이루고 아래쪽에 반듯하게 선을 그어 입을 표시했다.

홈과 선의 형상을 표현하는 기능이 잘 나타난다.

균열된 선이 형상을 나타낸다. 비슷한 모양의 두 삼각형 조각이 눈을 이루고, 선이 코와 입을 그린다.

7. 속초시립박물관

흙으로 만든 제품이다. 무슨
용도일까?

형상이 중첩해 있다.

숫돌이라 한다.

깨진 부분이 인물상을 이룬다. 형상이 나타나도록 돌을 자르고 있음이 잘 나
타난다.

8. 양양 오산리유적

서울대학교 박물관 도록에 실린 오산리유적의 유물을 보자.

두 토기 바닥의 선은 인위적으로 그은 선임이 분명하다.

흙으로 빚은 얼굴이다. 아랫부분 세 홈이 두 눈과 입을 표시하는 인물상을 이룬다. 중간 부분 홈 사이에 튀어나온 부분이 코를 나타내는 것으로 보면, 위쪽 두 홈이 눈을 표시하는 인물상이 된다. 하나의 입을 공유하며 두 군데에 있는 눈이 인물상을 중첩해 나타낸다. 이는 고인돌의 형상 표현법과 같다.

9. 인천 용유도유적

　서울대학교 박물관 도록에 실린 용유도유적 출토 '구멍무늬 빗살무늬 토기' 다. 다음의 설명이 곁들여 있다. "구연부에 반 관통의 구멍무늬를 시문한 빗살무늬 토기로 그 출토 예가 극히 드물다."

　균열된 선이 인물상을 표현한다.

10. 경북대학교 박물관

'ㄱ' 자형 석도에 가늘고 날카롭게 그어진 반듯한 선은 석기로는 그을 수 없으며, 강하고 날카로운 금속 도구나 기계의 존재가 필수이다.

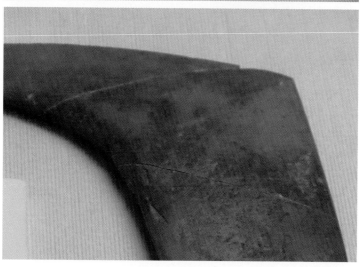

고인돌에서 출토되는 붉은 간 토기는 당시 채색 기술이 발달했음을 알려준다.

가지무늬 토기라고 한다. 검은 색감은 불에 그을린 자국이 아니라 인위적으로 가지무늬 형태로 입힌 것이다. 토기에 검은색을 입히고 있음을 알 수 있다.

박물관에 게시돼 있는 거북바위 사진을 보자.

거북 머리에 해당하는 둥근 반원 부분이 어깨를 나타내고, 미소 지으며 좌측을 바라보는 인물상으로 보인다.

제일중학교 거북바위

11. 국립경주박물관

울진 후포리유적에서 출토된 신석기 시대 돌도끼가 다수 전시돼 있다.

긴 돌을 매끈하게 다듬어 놓았는데, 길어서 돌도끼로 보기 어려우며 용도가 불분명해 보인다. 이처럼 규모가 큰 다량의 석기를 수작업만으로 갈아서 제작 했다는 것은 설득력이 없다.

특히 유일하게 이 지역에서만 이렇게 다량이 출토됨은 의도적으로 제작해 놓 았음을 방증한다.

박물관 도록에 실린 후포리 돌도끼다.

좌측의 것은 갈아서 제작한 것과 다르며, 떼어내기로 다듬은 것과도 다르다.
우측의 것처럼 제작한 후 표면을 입히는 방법이 유일하게 떠오른다.

검 또한 수작업만으로 이처럼 갈아 제작하기 어려움은 자명하다.

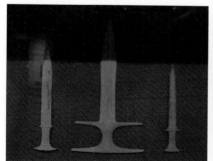
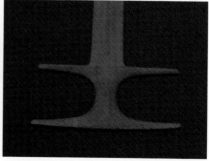

경북 지역 출토 반월형 돌칼을 보자.

일반적인 형태에서 벗어난 것도 있으며 모양도 제각각이어서 단순하게 제작
되지 않았음을 나타낸다.

구멍 주위에 두 겹의 원이 새겨져 있다.

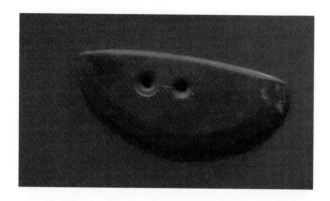

다음은 세 구멍이 뚫려 있는데, 세워서보면 구멍이 두 눈과 입을 표시함이 뚜렷하다.

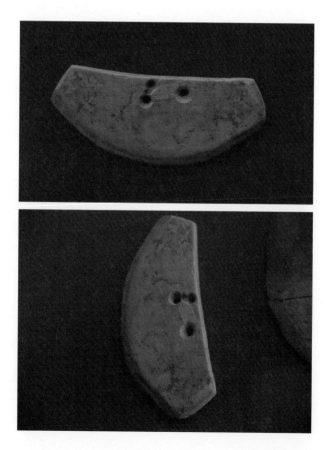

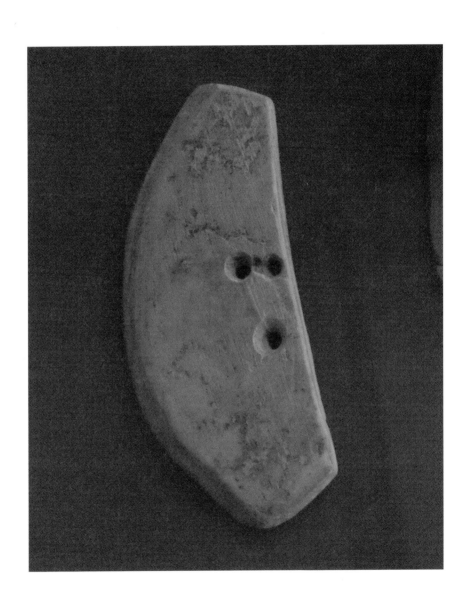

12. 울산박물관

청동기 시대 취락유적에서 발굴된 토기다. 가로로 여러 줄 반듯하게 균열돼 있어 자연적 균열로 보이지 않는다. 인위적 현상으로 보인다.

청동기 시대 무덤에서 발굴된 토기로, 간격을 유지하며 세로로 길게 네 줄의 균열이 가 있다. 마찬가지로 인위적 균열로 보인다.

　대곡댐 편입 부지에 속하는 울산 두동면 하삼정유적에서 발굴된 동물무늬 항아리를 보자. 동물무늬가 형상을 새기는 기능을 하는 듯하다.

　동물 앞다리 허벅지 부분이 형상의 두 눈을 이룬다. 아래 동물의 꼬리가 앞쪽 윤곽선을 이루고, 다른 동물이 뒤쪽 윤곽선을 이룬다. 한 줄로 새겨진 선이 입을 이루어 형상을 완성한다.

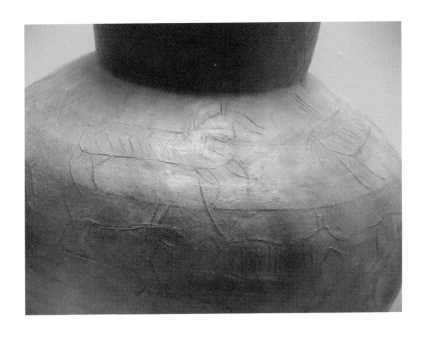

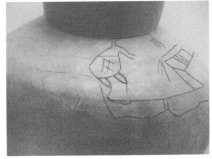

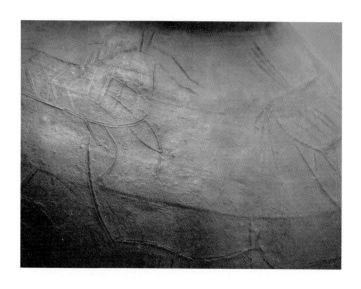

입을 이루는 뚜렷하게 새겨진 선은 조금 지나 그어지지 않고 사라진다. 반대
편도 마찬가지다. 이는 선이 토기에 새겨진 일반적인 문양이 아니라 형상을 새
기기 위해 새겨졌음을 나타낸다.

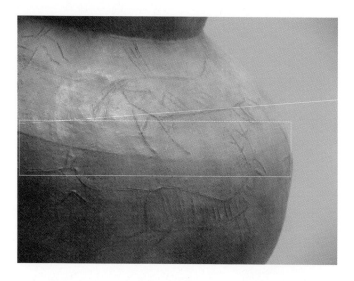

전작에서 살펴보았듯이 동물형상이 생명형상을 이루는 기능을 하는 것을 울
산 반구대암각화에서도 볼 수 있다.

13. 울산대곡박물관

대곡댐 편입 부지에 속하는 울산 두동면 하삼정유적 고분군 출토 항아리다. 반듯한 선과 세로로 길게 이어진 선들은 자연적인 균열이라기보다 인위적 현상으로 보인다.

선이 윤곽선을 이루고 짧은 선들이 두 눈을 표시하는 인물상을 나타낸다.
입 부위의 유연한 곡선은 자연적인 균열이 아님이 분명하다.
눈을 공유하는 두 형상이 중첩돼 있다.

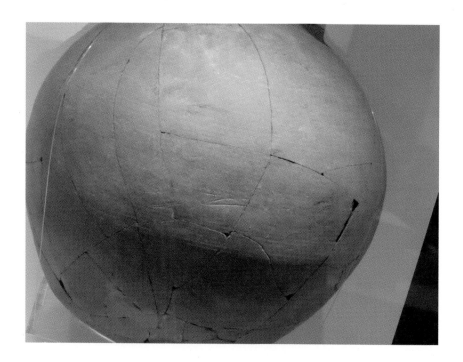

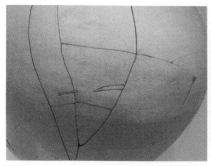 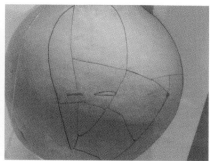

대곡박물관에 방문하니 〈키워드로 보는 울산 청동기 문화〉전(展)이 열리고 있었다. "울산 지역 여러 발굴 성과 가운데 청동기 시대 유적·유물은 학계의 주목을 받아 왔는데, 이러한 울산 청동기 문화의 중요성과 그 의미를 알리기 위한 특별전"이라고 소개했다.

여기에 전시된 유물들을 살펴보자.

울산 송정동 출토 갈판과 갈돌이다.

곡물을 갈기 위한 갈돌로 균열된 돌을 사용할 리 없다. 단단해 보이는 작은 돌이 이런 모습으로 자연적으로 균열되기도 어렵다. 균열된 선을 따라 잘라냈음이 분명한 부분도 있다. 돌을 자를 수 있었음을 알리려는 의도로 제작한 것으로 추측된다.

간돌검 안내판에 게시된 내용이다.

"간돌검은 돌을 갈아 만든 단검으로서 청동기 시대를 대표하는 석기이다. 한반도에서 자체적으로 발생한 것으로 한반도 전역에서 확인된다."

여기에서 두 가지 의문이 든다.

첫째, 돌검이 한반도에서 자체적으로 발생하고 대부분의 돌검이 한반도에서 발견되는 의미의 중요성을 간과하고 있지는 않은가?

둘째, 다양한 석기와 토기는 어떤가?

추후 비교 연구를 기대한다.

다음 울산 송정동 출토 돌검은 갈아서 제작하지 않았음이 손잡이 표면을 보면 잘 드러난다.

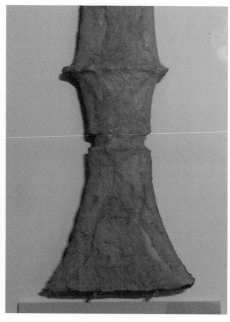

울산 장현동유적 간돌검이다. 손잡이에 둥근 구멍들이 파여 있다.
검날에 관통한 두 구멍이 보이는데, 검날에 구멍을 뚫은 이유는 무엇일까?

좌측 구멍과 달리 우측 구멍에는 여러 겹의 원이 보인다. 반월형 돌칼에서 볼
수 있었던 것과 같다.

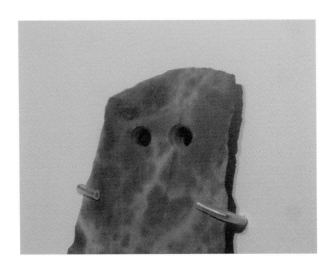

검날이 잘렸는데, 잘린 선이 부러진 것과 다르다. 의도적으로 이렇게 제작한 듯하며, 인물상의 머리 형태를 이루는 것으로 볼 수 있다. 이렇게 해석하면 두 구멍이 눈을 나타냄이 뚜렷하다.

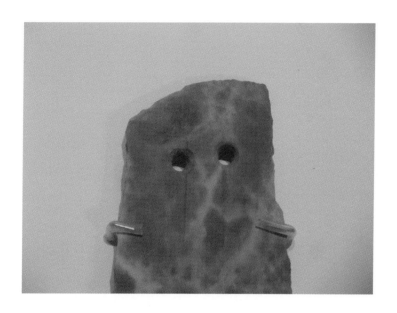

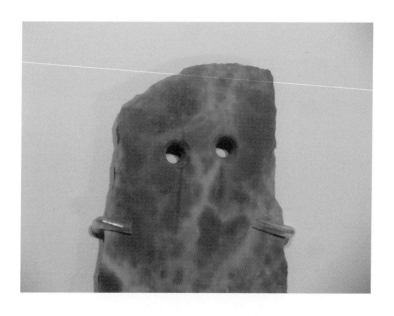

울산 지역에서 발견된 간돌창이라고 한다.

창날에 두 구멍을 뚫은 이유는 무엇일까? 구멍을 따라 균열돼 있다.

전체 모양이 얼굴 형태다. 구멍이 눈을 표시하고, 균열된 선이 머리카락 경계선과 입을 표시하는 인물상이다.

　울주 장검유적 'ㄱ' 자형 돌칼이라고 하는데, 돌에 새겨진 반듯한 선을 석기나 무른 청동기로는 새길 수 없음이 자명하다.

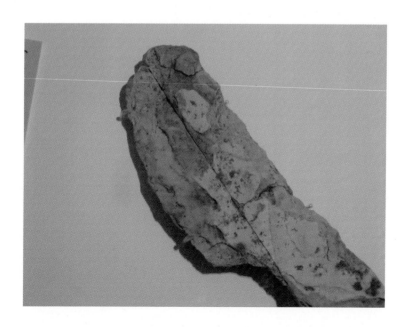

울산 교동리유적 출토 'ㄱ' 자형 돌칼을 보자. 색감을 입혀 인물상을 표현했다.

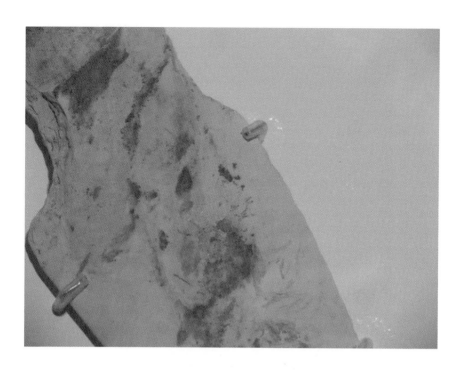

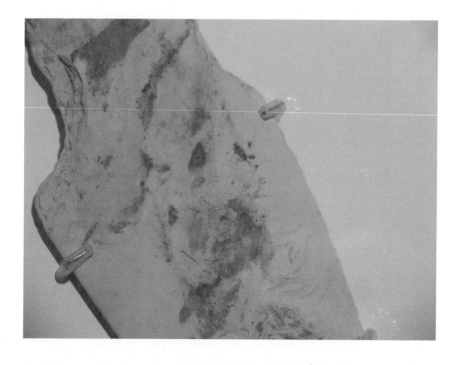

울산 중산동 약수유적 출토 토기를 보자. 검단리식 토기라 한다.

다음은 안내판의 설명이다.

"검단리식 토기는 깊은 바리 모양의 무문 토기에 낟알문이 새겨진 토기를 말하며, 검단리유적에서 처음 발견되어 검단리식 토기라 한다."

낟알문이 두 눈을 나타내는 인물상과, 균열된 선이 표현하는 인물상이 나타나 있다.

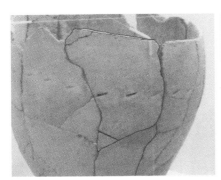
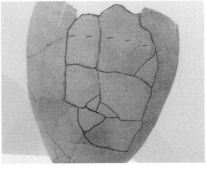

이상으로 울산 지역 청동기 유물들이 생명형상을 나타냄이 입증된 듯하다. 특히 돌창의 구멍들이 인물상의 눈을 표시함은 명백하다.

울산 지역에는 집자리 유적에 비해 무덤 유적이 적다고 한다.

가옥묘

"울산 지역에서는 집자리에 비해서 무덤이 매우 적다. 사람들이 많이 살았는데, 무덤이 많이 없는 것은 무슨 이유일까? 이에 주거지 폐기 이후 분묘로 전용된 가옥묘가 이용되었다고 보는 견해가 있다. 가옥묘는 주거 공간에 분묘가 만들어진 것인데, 주거와 다른 공간에 조성되는 청동기 시대 마을의 일반적인 모습과는 다르다."

울산 지역에서는 집자리에 비해 무덤이 매우 적다는데, 이는 분명 모순이다. 한편으로는 무덤에 비해 집자리가 많다는 의미인데, 이유가 있을 것이다.

집자리와 무덤은 유물이 출토되므로 유적지가 되는데, 유물을 의도적으로 조성해 놓았다면 이 의문이 해소된다. 무덤보다 집자리를 더 조성해 놓았기 때문이 되는 것이다.

유적과 유물은 지역마다 특징이 있는 듯한데, 울산 지역은 집자리를 많이 조성해 놓은 것이 특징이 된다. 우리나라에서 발견되는 암각화가 동남부 지역에 집중돼 있는 것도 같은 이유일 것이다.

유적과 유물의 조성에 분명한 의도성이 있음을 알 수 있다.

14. 부산박물관

범방·동삼동유적의 신석기 시대 유물인 뗀돌도끼-따비를 보자.

농사짓는데 땅을 파는 도구로 쓰였을 것으로 추정하는데, 작아서 자루에 묶어 사용해도 효율성이 적을 것이다. 유사한 돌이 여러 박물관에 다수 전시돼 있는데, 용도가 불분명해 보인다.

다음 따비를 보자. 가로 방향으로 가로지르며, 매우 가늘게 선이 그어져 있다.

선이 잘 보이지 않으나, 영상으로 보면 확실하므로 희미해도 보기로 하자.

네 줄의 선이 보이지도 않을 정도로 미세하게, 그러나 분명하게 평행을 이루며 그려져 있다. 앞에서 본 유사한 석기들에 금속 도구로 그은 것으로 추정되는 반듯한 선들이 선명한 데 반해, 잘 보이지도 않는 선들이다.

앞에서 살펴본 청원 문의고인돌에 새겨진 투명한 선과 유사하다. 불규칙한 돌 표면에 이런 선을 어떻게 그었는지 추정하기 어렵다.

당시의 기술 문명 수준이 지금까지 알려진 것과 전혀 다름은 이 한 가지만 보아도 명백히 입증된다.

이런 석기를 적절한 도구 없이 갈아서 제작하려면 무한 노동이 필요할 것이다.

다음 토기는 세울 수 없어 용도를 논하기 어렵다.

검은 색감이 한 곳에만 나타나, 불에 그을린 것과 다르다.

검은 색감을 입힌 것으로 보인다.

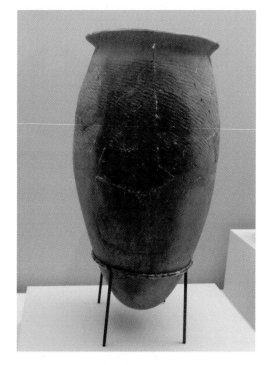

다음 토기들의 검은 색감도 불에 그을린 흔적으로 보기 어렵다.

토기의 밑면이 불에 그을리면 전체적으로 검어져야 하는데, 일부는 조금도 그을린 흔적이 없어 모순이다. 검은 색감을 입혔음이 자명하다.

다음 토기는 검은 색감을 입힌 후 긁어 놓은 듯하다.

거꾸로 본 모습이다. 검은 색감이 인물상을 이룬다.

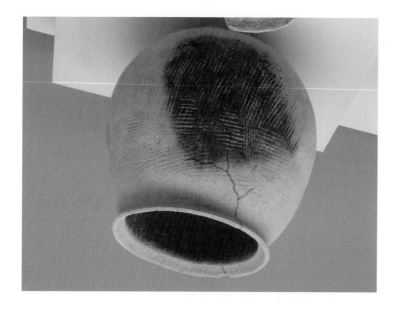

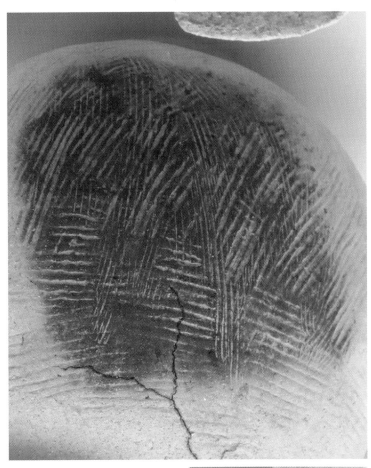

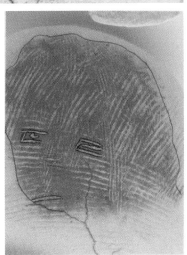

부산 가덕도 장항유적 발굴 토기다.
토기의 일부 조각이 인물상을 나타냄이 뚜렷하다.

부산 동래구 낙민동패총에서 출토된 시루라고 한다.

입구 테두리 선은 흰색에 가까워 검은색 표면과 대비되는데, 안쪽 표면도 검은색이다. 흰색과 대비되어 더욱 검게 보이는 면에 홈을 파 눈을 나타내고, 선을 그어 코를 나타낸 인물상이 숨기듯 새겨져 있다.

15. 동아대학교 박물관

진주 상촌리유적 출토 신석기 시대 유물인 갈돌과 갈판이다.
반듯한 선이 그어져 있다. 갈판에 반듯한 선을 그은 이유는 무엇일까?

홈으로 눈을 표시하고 선이 입을 이룬 형상이다.

돌검 손잡이의 무늬가 손잡이와 같은 형태다. 돌 자체의 무늬일 리 없어 무늬
를 입혔음을 의미한다.

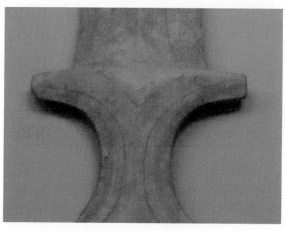

돌검 손잡이에 많은 구멍이 새겨져 있다.

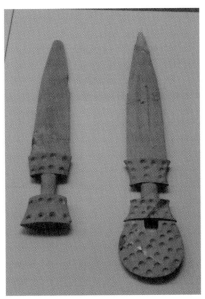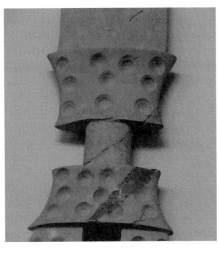

이중으로 파인 구멍이 다수며, 밑면이 돌출돼 있는 구멍도 있다.

정교한 기계 없이 석기를 이용한 수작업만으로는 제작할 수 없음이 자명하다.

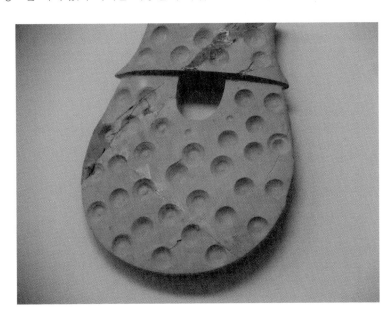

부산 영선동패총의 유물로 시루편이라고 한다.

그러나 시루편으로 보기에는 옆면과 연결되는 윗부분이 너무 평평하다.

무늬를 새길 리 없는 바닥 면에 무늬가 나타나 있어 시루편이 아니며, 처음부터 이 형태로 제작되었을 것으로 추정된다.

온전한 구멍과 깨진 구멍이 눈을 표시하며, 깨진 구멍이 입을 표시하는 인물상으로 제작한 듯하다.

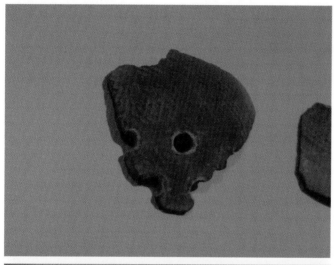

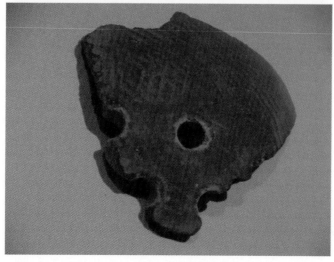

사천 늑도유적을 살펴보자.

삼각형 돌칼이라고 하는데, 수작업만으로는 제작할 수 없을 것이다.

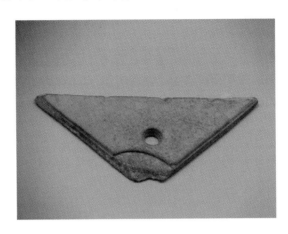

반달형 돌칼로 깨진 부분에 드러난 색이 표면과 다른 검은색이다. 하나의 돌을 갈아서 제작했다면 표면과 원석의 색이 다를 수 없다. 검은색의 원석에 다른 색감의 물질을 입혔음이 명백하다.

이 상태에서 구멍을 파면 원석인 검은색이 드러나야 한다.

그런데 구멍 부분이 표면과 같은 색이어서 구멍을 판 이후 표면에 현재 색감의 물질을 입혔음을 알 수 있다.

고인돌의 바위구멍과 동일한 작업이 유물에서도 이루어졌음이 증명된다.

사천 늑도유적 토기에 미세하게 선들이 그어져 있다.

선을 옆에서 보면 인물상을 이룬다.

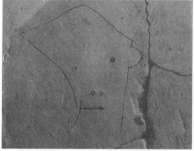

16. 부경대학교 박물관

통영 상노대도 산등패총 출토 갈판과 갈돌이다.

뚜렷하진 않으나 갈판의 균열된 선 좌측 부분이 인물상을 나타내는 것으로 보인다.

갈돌이 사용의 결과로 매끄럽게 갈린 것처럼 보인다.

그런데 갈린 면을 자세히 보면 인물상을 나타낸다.

산청 사월리유적 출토 돌화살촉이다.

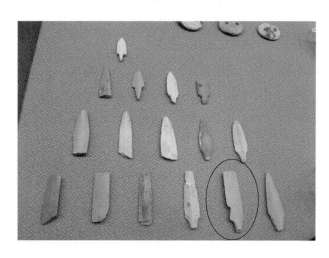

원 안의 것은 끝이 뾰족하지 않아 돌화살촉이라 할 수 없는 형태다.

날 끝부분이 부러진 것과 다르다. 좌측 일부가 떨어져 나간 부분도 매끄러워 깨진 것이 아니다. 처음부터 이 상태로 제작해 놓은 것으로 추정된다.

꺾인 부분과 작은 홈이 눈을 나타내는 인물상을 이루는 듯하다.

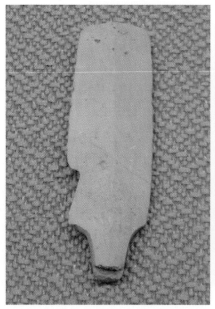
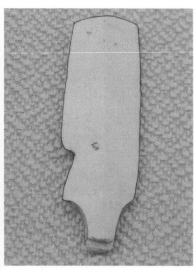

사월리유적의 돌칼로 구멍이 중앙에 하나인 경우가 많다.
뚜렷하지는 않지만, 구멍이 눈을 나타내는 듯하다.

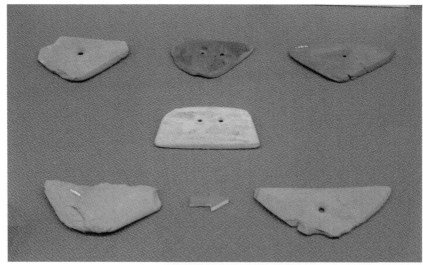

마지막 돌칼을 옆으로 돌려보면, 구멍이 한 눈을 나타내고 홈이 눈과 입을 표
시하는 인물상이 뚜렷하다.

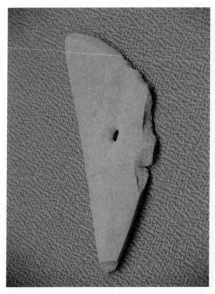 

토기편이 인물상을 나타낸다.

코 부위에 작은 구멍을 파 작은 인물상을 중첩해 표현했다.

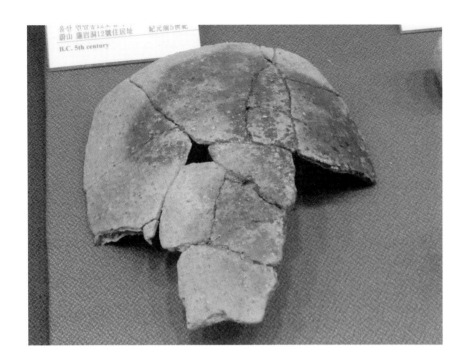

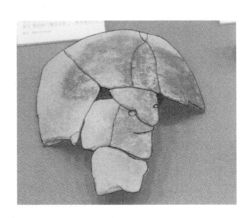

울산 연암동유적의 토기다.

균열된 선이 단순해 형상이 나타나지 않을 것 같으나, 뚜렷한 형상이 보인다.

앞의 토기편처럼 위쪽에 불필요한 작은 구멍이 보이는데, 구멍무늬 토기의 원래의 구멍과 함께 두 눈을 이룬다.

김해 대성동 가마터유적 출토 토기다.
옆으로 보면 인물상으로 보인다.

윗부분만으로도 형상을 나타낸다.

시루라고 하는데, 규모가 너무 작다.

시루가 아니고서는 나타날 수 없는 형태인데, 시루가 아니라면 다른 의도가

있을 것이다.

 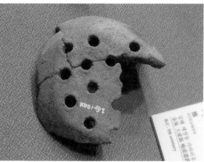

고인돌의 바위구멍처럼 아래 형상의 한 눈이 위 형상의 입이 되는 세 형상을

중첩해 표현한 듯하다.

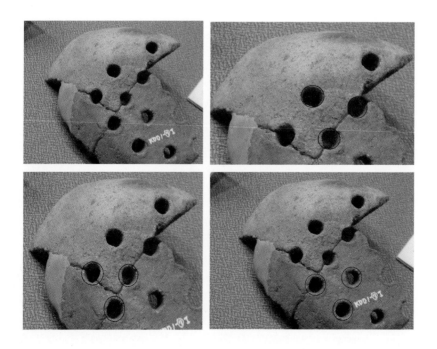

17. 부산대학교 박물관

중앙의 구멍이 두 겹이다.

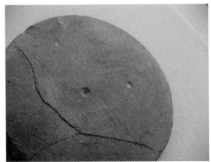

단단한 돌에 완전한 원형의 구멍이 뚫려 있다. 기계의 사용 없이는 가능해 보이지 않는다.

반월형 돌칼의 구멍을 긴 홈구멍으로 대체하고 있어, 반월형 돌칼이 단순한 용도의 물품이 아님을 나타낸다.

청동기 시대 토기다. 토기에 검은색을 채색하고 있음이 잘 나타난다.

화살촉으로 보이는 골각기에 두 구멍이 뚫려 있다. 화살촉에 구멍을 뚫을 이유가 없으며, 형상의 눈을 나타내는 것으로 보인다.

18. 부산복천박물관

부산 연산동 고분군 출토 귀걸이·금사다.

출토된 그대로의 모습일 것인데, 의도적인 진열인지 알 수 없지만 진열된 모습이 인물상을 이룬다. 매납 당시에도 이를 예상한 것인지 궁금하다.

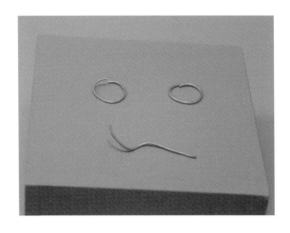

연산동 고분군의 가야토기를 보자.

균열된 선이 윤곽선을 이루고, 문양이 눈과 입을 표시한다.

하나의 문양이 중첩된 좌우 두 형상의 눈을 이룬다.

복천동고분군 야외 전시관의 안내판의 내용을 보자.

"53호와 54호분의 내부를 발굴한 모습 그대로 전시하고 있어, 당시 가야의 매장 풍습을 엿볼 수 있다."

53호분은 부곽이 딸려 있는 구조로, 완전한 상태로 발견되었다고 한다.

발굴 당시의 모습을 재현해 놓은 부곽을 보면, 유물이 한곳에 몰려 있어 빈 공간이 보인다. 여기에서 순장자로 보이는 인골의 흔적이 확인되었다고 한다.

박물관에 게시된 53호분의 발굴 당시 모습이다.

유물이 인물상을 나타내도록 배치한 것으로 보인다.

유물이 한곳에 몰린 이유는 이 때문일 것이다.

입 속의 토기는 내민 혀를 나타내는 듯해 해학적이다.

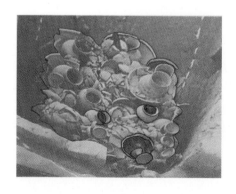

유사하게 부장품이 형상을 나타냄을 성주 성산동 38호분에서도 볼 수 있다.
뚜렷하지 않지만 이를 감안하며 살펴보기로 하자.

계명대학교 박물관에 게시된 성주 성산동 38호분 사진이다.

부장곽을 만들어 한쪽에 다량의 부장품을 몰아 놓고, 한쪽은 비워 놓았다.
그 경계에 큰 토기 2기가 놓여 있다.

돌로 쌓은 부장곽 전체가 형상의 윤곽을 이루고, 큰 토기 2기가 눈을 표시하는 것으로 보인다. 그 앞쪽에 깨진 토기 조각을 놓아 입을 나타낸 듯하다.

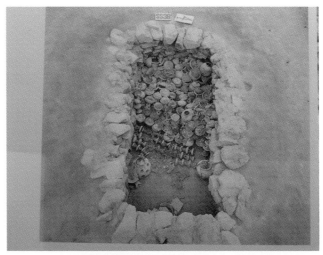

54호분에 대한 안내문을 보자.

"무덤이 깊어 부장유물은 양호한 상태를 유지하고 있다. 부곽의 빈 공간에서 인골은 확인되지 않았지만, 53호 무덤과 마찬가지로 순장자를 매장한 것으로 추정된다."

부곽을 재현해 놓은 모습으로, 유물이 한곳에 몰려 있다. 재현해 놓은 것이어서 불완전하지만, 이를 감안해 현 상태 그대로 보면 단지의 구멍이 두 눈과 코, 입을 표시하는 듯하다.

주곽의 모습으로 큰 돌들이 무질서하게 깔려 있고, 단지들이 몇 점 배치돼 있다. 돌 위에 사체를 안장하는 것이 부자연스러워 보이는데, 유골이 부식돼 사라진 것이 아닐 수 있다. 애초에 사체를 묻지 않고 이 상태로 조성해 놓았을 수 있다. 이는 무덤이 아님을 의미한다.

확정 지을 수 없지만 두 곳에 놓인 단지가 눈을 나타내고, 구덩이 외곽이 윤곽을 이룬 인물상을 나타내는 것으로 보인다. 기둥을 세우기 위해 판 것으로 추정되는 구덩이가 입을 이룬다. 구덩이가 기둥을 세운 흔적이 아님을 의미한다.

앞 형상의 눈을 나타내는 지점에 놓인 단지들이 두 눈과 코, 입을 나타내도록 배치된 듯하다.

유물들이 형상을 나타내도록 부장돼 있어, 무덤이 아닌 의도적으로 조성해 놓은 유적지일 가능성이 크다. 조개더미유적지가 의도적으로 조성해 놓은 것임을 감안하면 충분히 가능성이 있다.

53호분 부곽에 인골의 흔적이 보일뿐 유골이 발견되지 않음은 이를 뒷받침한다.

19. 국립진주박물관

청동기 시대 토기에 선이 그어져 있다.

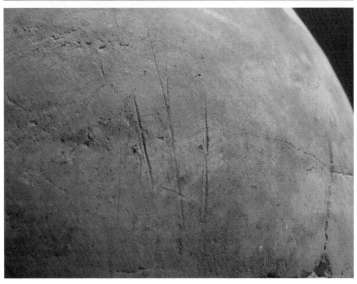

인물상임이 뚜렷하다.

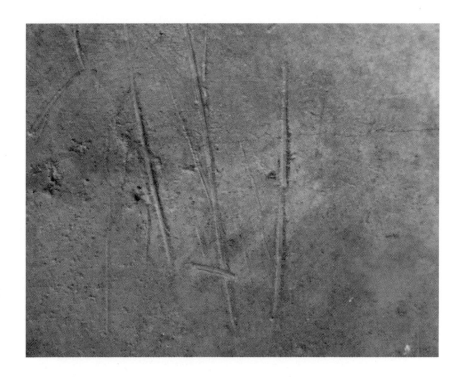

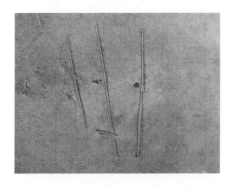

신석기 시대 토기의 균열된 선이 중첩된 인물상을 표현한다.

20. 경상대학교 박물관

사천 늑도유적 시루편이다. 여러 박물관에 유사한 유물이 전시돼 있는데, 시루편이 아님을 앞에서 살펴보았다.

세 구멍이 보는 방향에 따라 다른 인물상의 눈과 입을 표시한다.

청동기 시대 토기다. 앞면 두 곳이 깨졌는데, 뒷면도 두 곳이 깨져 허공이 보인다. 깨진 것이 인위적이라고 확정 지을 수 없음을 감안하며 보기로 하자.

깨진 곳이 눈을 나타내고, 아래쪽 일자로 깨진 부분은 입을 이룬 형상으로 보인다.

사천 본촌리유적의 숫돌이다. 세 개의 조각으로 발견되어 붙여 놓은 것으로,
윗면에 동검 암각화가 새겨져 있음이 후일 발견되었다고 한다.

갈면 닳는 윗면에 암각화를 새기진 않았을 것이므로 숫돌은 아닐 것이다.

다른 목적으로 제작해 놓았을 것으로 추정된다.

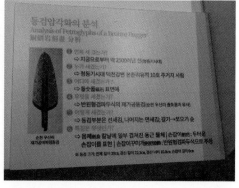

세 조각으로 균열된 선이 인물상의 윤곽선을 이루며, 작은 홈으로 두 눈과 입
을 표시했다.

깨진 형태를 활용해 인물상을 표현하고 있다.

균열선이 인물상을 나타내도록 돌을 잘랐음이 분명하다.

의도한 대로 돌을 자를 수 있음이 증명된다.

그런데 잘린 면이 기계칼로 자른 것과 다르다. 자연적으로 균열이 간 듯한 모습이다.

윗면에 동검이 새겨져 있어 동검이 생명형상과 관련 있음이 증명된다.

이 유물은 이러한 사실들을 입증한다.

21. 순천대학교 박물관

광양 용강리에서 출토된 청동기 시대 숫돌이라고 한다.

두 홈이 얕게 새겨져 있고, 홈을 지나는 선이 세로로 그어져 있다.

가로로도 선이 그어져 있는데, 의미가 있을까?

두 선이 윤곽선을 이루고, 홈이 두 눈을 표시하는 형상이다.

여수 송도 출토 신석기 시대 갈판과 갈돌이다.

앞에서 살펴본 연세대학교 박물관의 단양 상시 3바위그늘유적 발화석과 김해 봉황동 조개더미유적 동물뼈에 새겨진 홈, 용인 맹리 고인돌에 새겨진 바위구멍과 유사한 배치를 이룬 네 개의 구멍이 두 눈과 코, 입을 표시한다.

신석기 시대 토기편의 조합이다.

두 홈이 눈을 표시하고, 균열된 선이 입을 이룬 인물상을 나타낸다.

신석기 시대 토기편의 조합이다.

구멍이 한 눈을, 검은 색감으로 다른 눈을 표시한 인물상으로 보인다.

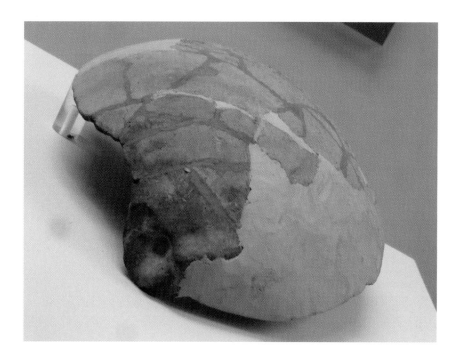

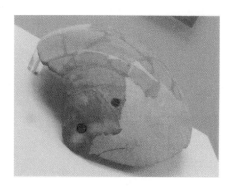

22. 전남대학교 박물관

보성 금평패총에서 출토된 동물모양 토기라 한다.

구멍이 눈을 표시함이 잘 나타난다.

화순 다지리 월정고인돌에서 출토된 삼각형 돌칼이다.

구멍이 큰데, 끈을 매기 위해 이처럼 크게 구멍을 뚫지는 않을 것이다.

두 구멍이 쌍꺼풀진 눈처럼 보인다.

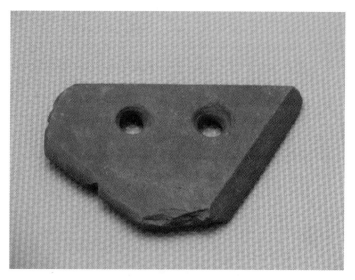

담양 제월리유적 바퀴날도끼라고 한다.

구멍 주위에 여러 겹의 원이 나타나 있다. 고난도의 기술이 적용되었을 것으로 추정된다.

주암댐 수몰 지구 지표채집 유물을 보자.

선이 그어져 직사각형을 이룬다.

표면에 흐릿한 부분도 있으나, 검은 물질이 직사각형 형태를 이룬다.

무슨 의미일까?

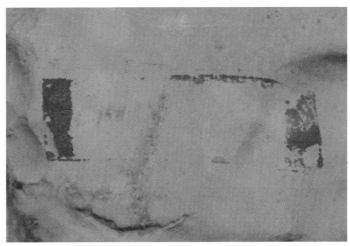

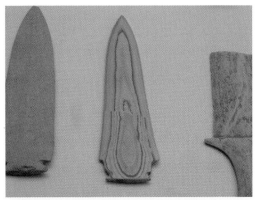

보성 예당리 호동고인돌 출토 돌검으로, 돌검의 무늬가 어긋나 있다.

무늬가 어긋난 부분이 칼로 자른 후 맞추어 놓은 듯 보인다.

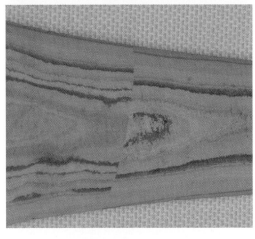

잘린 검의 표면, 벗겨진 부분에 검은 원석이 드러나 있다.

표면을 입혔을 것으로 추정된다.

화순 다지리 월정고인돌에서 출토된 돌칼과 제작 중인 돌칼이다.

먼저 떼어내기로 돌칼의 형태를 만든 후, 갈아서 제작한다고 설명한다.

표면은 거칠지만 타격이 가해진 것으로 보이지 않는다. 그렇다고 간 흔적도 없다.

앞에서 본 표면에 간 흔적이 없는 울진 후포리 돌도끼를 돌을 간 이후 표면을 입힌 것으로 추정했다. 이처럼 돌검에 표면을 입힌 것으로 추정할 수 있다.

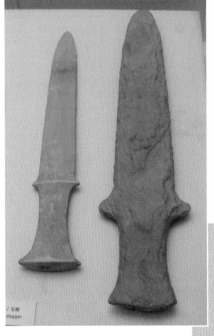

돌검의 제작 과정을 설명하는 유물로 해석하나, 실은 반대로 돌검을 갈아서 제작하지 않았음을 방증하는 유물이다.

함평 예덕리 만가촌 고분군의 출토 토기를 보자.

두 선이 만나 형상을 이룬다.
선이 윤곽선과 입을 표시하고, 두 홈이 눈을 나타낸다.
순천대학교 박물관의 청동기 시대 숫돌의 선이 표현한 형상과 유사하다.

전남대학교 박물관 도록에 실린 만가촌 고분군 토기다.

자연적으로 토기가 이처럼 길게 수직으로만 균열될 수는 없을 것이다.

토기 내에 균열된 선이 형상을 이룬다.

역시 만가촌 고분군에서 출토된 다음 토기를 보자.

여러 박물관에 있는 이런 유형의 토기를 아궁이에 고정시켜 사용하는 취사용으로 설명한다. 그러나 좁고 깊어서 내용물을 떠내기 힘드므로 설득력이 없다. 용도를 알 수 없는 비슷한 토기를 여러 지역에서 볼 수 있는데, 세울 수 없어 모두 실제 사용된 것이 아니며, 의도적으로 제작해 놓은 것으로 추정된다.

동복댐 수몰 지구 고인돌 출토 가지무늬 토기다.

토기에 나타난 검은 색감은 불에 그을린 것이 아님이 분명하다.

검은색을 입히고 있으며, 이를 통해 형상을 나타냄을 잘 보여 준다.

나주 복암리 고분군 토기의 밑부분에 각선 부호가 새겨져 있다.

각선 부호가 형상의 코와 입을 표시하는 것으로 해석할 수 있다. 주변의 형태를 활용한 추상적 표현이다.

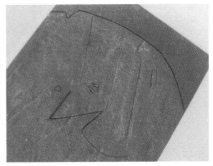

담양 제월리유적의 돌검이다. 해설문을 보자.

"검신이 매우 짧은 것이 특징적인데, 봉부가 제대로 형성되어 있는 것을 보면 깨진 것도 아니다. (중략) 그리고 검신과 병부의 색상이 크게 다른데, 병부의 깨진 면에 드러난 암질이 검은색인 것으로 보아 어떤 이유에선가 병부 쪽이 심하게 풍화되면서 생긴 현상으로 추정된다."

검은 원석 돌검의 손잡이 부분이 풍화되어 색이 변한 것이라 설명한다. 풍화로 색상이 변했다면, 그 과정이 합당하게 설명될 수 있을 것이다. 그러나 그런 설명은 불가능해 보인다. 풍화되었다고 하는 것은 나타난 현상에 맞춘 추측일 뿐이다. 연구자들도 이외에 다른 설명이 불가했을 것이다.

검은색의 원석에 손잡이 부분만 색감을 입혔음이 분명하다. 돌의 표면에 다른 물질을 입히고 있음이 이 유물 하나로도 충분히 증명된다.

23. 국립광주박물관

광주박물관은 조명이 어두워 토기를 자세히 살펴보기 힘들었다.

다음 토기의 사각형으로 균열된 모습은 자연적으로 보기 어려우며, 인위적 현상으로 판단된다.

세울 수 없는 토기들이 다수 전시돼 있다.

토기의 균열이 중첩해 형상을 나타낸다.
아래 형상의 눈이 위 형상의 입을 이룬다.

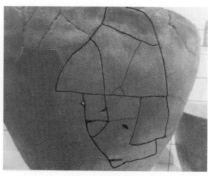

함평 예덕리 신덕고분 출토 항아리다. 균열된 선이 형상을 나타낸다.

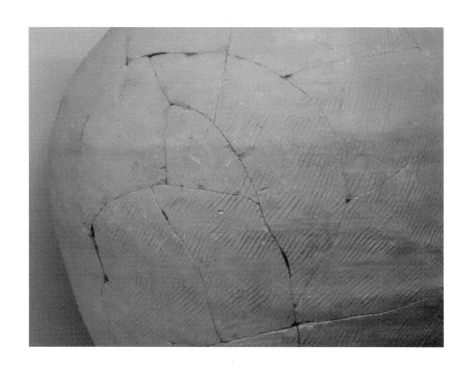

24. 전북대학교 박물관

빗살무늬 토기 조각이다.

두 구멍이 뚫려 있는데, 구멍 간 거리가 멀어 서로 묶기 위한 용도라는 설명과 맞지 않는다.

실용적인 용도의 토기와 구멍은 어울리지 않는다. 앞에서 유물의 구멍은 유물들이 동일한 목적과 원칙하에 제작되었음을 알려 주는 표시의 기능을 하며, 형상의 눈 등을 표현함을 설명하였다.

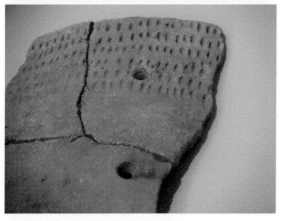

형태가 같은 두 토기의 색감이 다르다. 검은색 토기는 토기에 나타나는 검은 색감이 불에 그을린 흔적이 아닌, 검은색을 입힌 것임을 증명한다.

한쪽 면에 위에서 아래까지 검은색이 나타나 있다. 불에 그을린 것이 아닌 검은색을 입혔음이 분명하다.

25. 원광대학교 박물관

두 구멍과 하나의 구멍이 대비되듯 새겨져 있다.

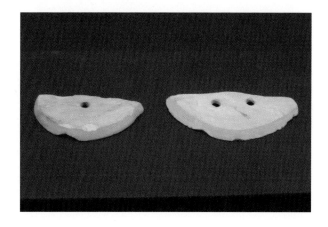

얇게 다듬어 놓은 돌화살촉의 구멍 양편으로, 반듯하게 경계를 이룬다. 색이
다른 것은 자연적인 현상일 수 없다.

돌검의 자루와 날 부분에 드러난 검은색의 원석은 표면에 아주 얇게 다른 물질이 입혀졌음을 나타낸다.

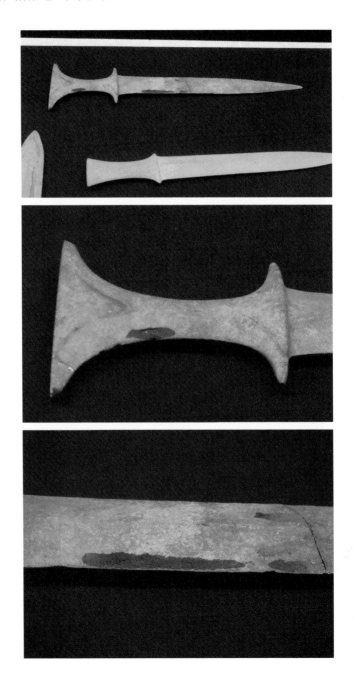

검은 색감으로 눈을 표시하고, 선으로 입을 표시한 형상이 나타나 있다.

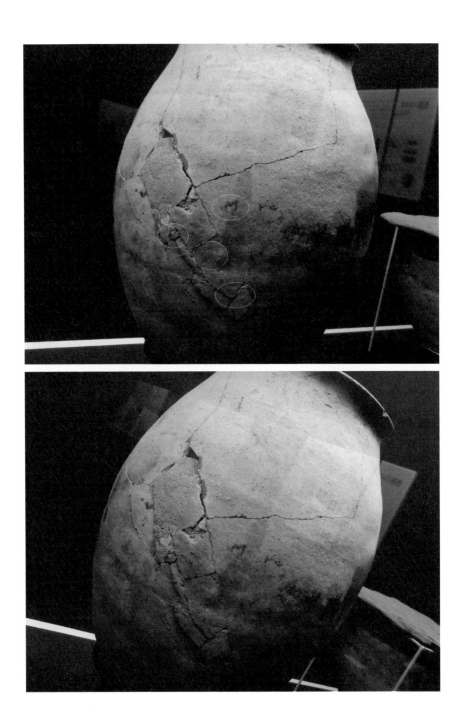

앞에서 민무늬토기의 검은 색감이 제작 과정 중 불에 그을린 자국이 아니라 색감을 입힌 것임을 살펴보았다. 검은 색감이 형상을 나타내기도 하는데, 다음 토기의 검은 색감도 형상을 나타내는 듯하다.

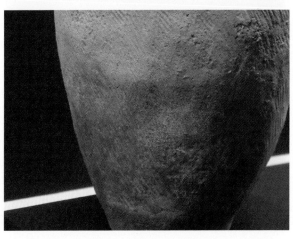

검은 색감이 사람을 그리고 있다. 형태는 뚜렷하나, 얼굴 형상이 뚜렷하지 않아 그림을 그리기 어렵다. 이 점을 감안하며 보기로 하자.

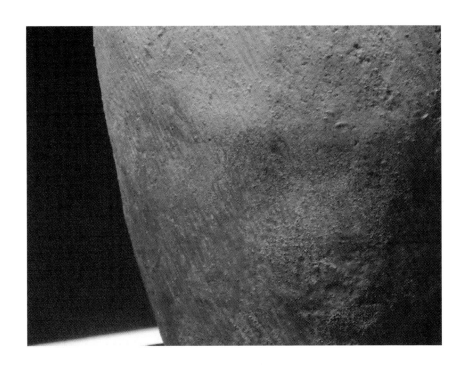

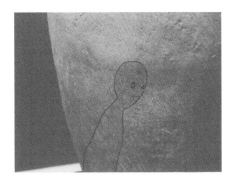

26. 청주박물관

토기에 검은 색감이 입혀져 있다.
검은 색감이 균열선과 함께 형상을 나타낸다.

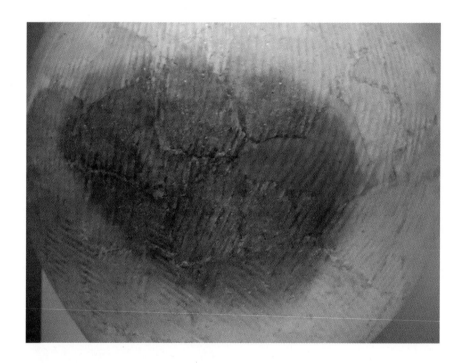

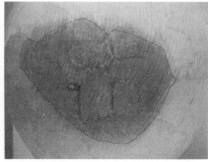

청주 비하동 출토 검은 간 토기다. 두 선이 그어져 코와 입을 나타낸다.

증평 송산리 출토 빗살무늬 토기다.

아랫부분의 두 구멍은 토기가 실용적인 용도로 제작되지 않았음을 나타낸다.

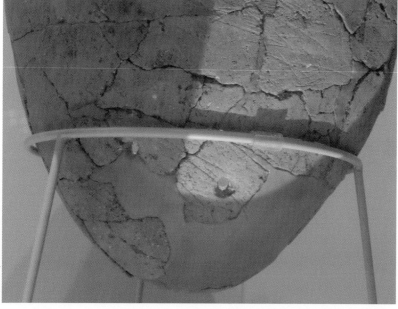

윗부분에 아래쪽 구멍보다 큰 두 홈이 파여 있다.

그어진 선들이 윤곽선과 입을 이루고, 두 홈이 인물상의 눈을 나타낸다.

27. 계명대학교 박물관

박물관에 안동 지례리고인돌에서 출토된 반월형 돌칼 사진이 게시돼 있다.
그런데 구멍이 맞뚫리지 않았다. 구멍을 뚫다 중단한 것일까?
구멍의 형태가 정교하지 않고 퍼져 있어 보통의 반월형 돌칼과 전혀 다르다.
반월형 돌칼을 제작하기 위해 구멍을 뚫다 중단한 것으로 볼 수 없다.

구멍이 형상의 두 눈을 표현함이 뚜렷하다.

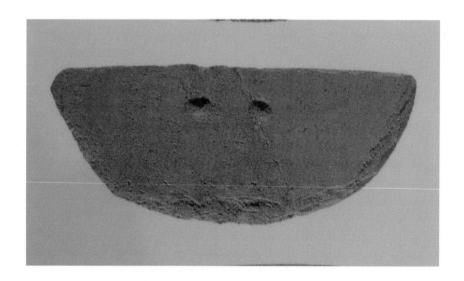

다음 석기는 인물상을 나타냄이 뚜렷하다.

박물관 도록에 실린 다음 석기를 보자.

반듯한 선이 그어져 있으며, 선을 경계로 위아래 색이 다르다. 서로 다른 돌이 부착돼 있음이 뚜렷하다. 접착제나 알지 못하는 다른 방법으로 붙였을 것인데, 어느 경우나 과학 문명을 전제하지 않고서는 가능하지 않아 보인다.

박물관에 전시된 실물이다.

위쪽의 선이 머리카락 경계선을 나타내고, 아래 선이 얼굴과 몸을 구분하는 인물상으로 보인다.

박물관 도록에 실린 합천 봉계리유적 출토 반월형 돌칼이다.
황토색과 구별되는 검은 색감이 끼워 맞춰진 듯하다.

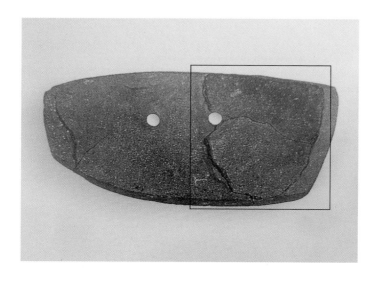

돌을 붙일 수 있음이 분명한데, 김천 송죽리에서 출토된 부분 부분 색감이 다
른 석재 유물들도 같은 방법으로 제작한 듯하다.
　김천 송죽리 출토 석재 유물들을 살펴보자.

다음 석기는 뚜렷하지는 않으나 좌우의 색감이 다른 듯하다.

선을 경계로 위아래가 다른 색감이다. 성분도 서로 다른지는 육안만으로는
알 수 없지만, 다른 색의 돌을 붙여 놓은 것으로 보인다.

돌을 어떻게 붙였을까?

접착제로 붙여서는 오랜 기간 유지되기 어려울 것이다.

진흙처럼 말랑한 상태에서 붙인 후 굳히는 방법만이 유일해 보인다.

고인돌 표면에 물질을 입힐 때 사용된 물질을 뭉친 후 굳히면, 이처럼 형성하
는 것이 가능할 것이다.

석기의 주변을 떼어 냈는데 떨어져 나간 부분이 깨진 것과 다르다.
마치 진흙 덩어리를 긁어낸 듯하다. 어떻게 제작했을까?

앞의 붙여 놓은 듯한 석재 유물과 관련해 생각해 보면, 고인돌 표면을 입힌
물질을 이 형태로 형성한 후 덜 굳은 상태에서 옆 부분을 긁어내듯이 떼어 내
면 이 형태가 된다.

이들 석재 유물의 제작은 역으로 고인돌 표면이 다른 물질로 입혀졌음을 증
명한다.

이처럼 당시의 기술 수준을 알아볼 수 있게 다양한 조치가 취해져 있음이 분
명해지고 있다.

박물관 현관에 평양 삼석구역 호남리 표대유적에서 출토된 한반도에서 가장 큰 빗살무늬 토기(원본 높이 90㎝, 북한 국보) 복원품이 진열돼 있다.

복원품이므로 세세한 분석은 의미가 없으나, 복원 시 최대한 원형을 반영한다는 차원에서 간략하게 살펴보자. 균열된 선이 윤곽선을 이루고, 검은 색감이 눈을 이루는 형상이 나타나 있는 듯하다.

여러 지역에서 윗부분에 유사하게 두 개의 구멍이 뚫린 토기가 발견된다.
의도적으로 조성해 놓았기 때문으로 추정된다.

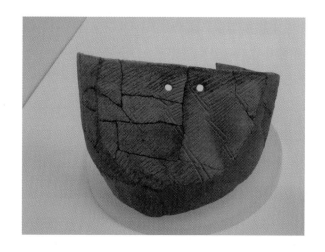

가야 지역의 대형 토기들인데 밑이 둥글어 세울 수 없다.
이처럼 큰 토기를 제작할 수 있으면서 세울 수 없는 토기를 제작한 것이 의문
이다. 밑이 뾰족한 빗살무늬 토기의 전통이 이어진 것일까?
가야의 토기가 실제 가야 시대의 것인지, 그 이전 시대에 조성된 것인지에 대
한 연구가 필요해 보인다.

박물관 도록에 실린 합천 봉계리유적 출토 민무늬 토기편이다.
홈이 파여 두 눈과 입을 표시하는 인물상으로 보인다.

박물관 도록에 실린 의령 석곡리유적 출토 토기편을 보자.
선을 그어 입을 표시하고, 색감으로 눈을 표시한 형상이다.

경주 황성동 출토 청동기 시대 민무늬 토기다. 높이가 81.8㎝에 달한다.
균열된 선이 인물상을 나타낸다.

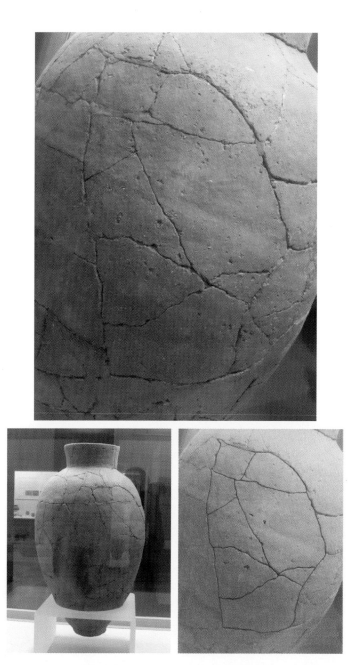

김천 송죽리유적 출토 신석기 시대 빗살무늬 토기다.
균열된 선들이 형상의 눈을 표시하는 듯하다.

이 빗살무늬 토기를 다른 방향에서 보자.

선이 두 눈과 입을 표시하는 인물상이 뚜렷하게 나타나있다.

조금만 주의하여 살펴보면 금방 알아볼 수 있는 형상이다.

가야 시대 대형 항아리다. 표면 곳곳이 소성 과정에서 부푼 듯이 둥글게 돌출돼 있으며, 유약이 길게 흘러내렸다.

김해박물관에 게시된 유약이 나타난 토기에 대한 해설을 보자.

토기의 겉면에 반짝이는 것은 무엇일까요?

토기는 유약을 바르지 않고 굽습니다. 하지만, 어떤 토기에는 유리질 막이 있어 마치 유약을 바른 것처럼 보이기도 합니다. 이것은 토기를 굽는 과정에서 점토 속에 들어 있는 유리질 성분이 녹거나, 재가 토기 표면에 붙어서 생긴 현상입니다. 청자나 백자처럼 일부러 반짝이는 유약을 바른 것이 아니고 자연적으로 생긴 것이라 하여 자연 유약이라고 합니다.

광주박물관에 전시된 함평 신덕고분에서 출토된 토기에도 유약이 흘러내려 있는데, 굵게 뭉쳐 있다.

여러 박물관에 이와 같이 일부분에만 유약이 흘러내린 토기들이 있다. 이 유약들이 김해박물관에 게시돼 있는 해설처럼 점토 속에 있는 유리질 성분이 녹거나 재가 토기 표면에 붙어서 생긴 현상일까?

다량의 유약이 흘러내리려면 재가 붙는 정도로는 안 된다. 점토 속에 있는 유리질 성분이 다량 녹아 흘러내려야 한다. 그 결과로 녹은 지점이 함몰될 것이다. 그러나 그런 흔적이 전혀 나타나지 않는다.

결론은 자연적으로 생긴 유약이 아니라, 현 상태로 도포해 놓은 것일 수 있다는 것이다.

당시에 도자기가 사용되었을 수 있음을 앞의 여러 군데서 살펴보았다.

도자기가 사용되었음을 감추었듯이 유약이 사용됨을 감추고 있으며, 동시에 유약이 사용되었음을 알아볼 수 있도록 조치를 취해 놓은 것으로 해석된다.

유약이 흘러내린 곳에 선이 그어져 있다.

이런 선을 더 깊게 그으면 자연적으로 균열된 것처럼 보이게 할 수 있을 것이다.

균열된 선이 형태를 이루고, 표면의 둥글게 부풀어 오른 듯한 곳과 부풀어 터진 듯한 홈이 두 눈을 나타내는 인물상이다. 홈의 선으로 입을 표시했다.

선이 인물상의 윤곽선을 이루고 홈이 눈을 이루었다.
부풀어 터진 듯한 곳이 입을 나타낸다.

28. 국립김해박물관

다음은 두 개의 돌을 이어 붙였음이 명확하다.

돌을 원하는 대로 다듬고 붙일 수 있었음이 입증된다.

이처럼 명확한 유물들이 존재함에도 별다른 문제 제기가 없는 이유는 무엇일까?

남미 푸마쿤푸나 이집트에서 드릴이 아니고서는 뚫을 수 없는, 완전 원형의 작고 긴 구멍들이 바위에 나타나 있다. 그런데 그에 대한 연구는 진행되지 않고 멈추어 있는 듯하다. 거대한 바위들이 반듯이 잘려 있는 경우도 마찬가지다. 유물들이 고립되어 소수만이 나타나므로 비교 연구가 불가능한 것이다.

그러나 우리나라의 경우, 이제껏 살펴봤듯이 많은 석재 유물이 존재해 비교 연구가 가능하다. 이런 일들이 우연하게 발생한 것일까?

이처럼 다양한 돌화살촉을 단순 수작업만으로 갈아서 제작할 수 있을까?

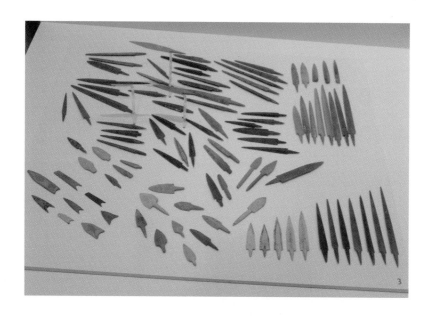

김해 대성동에서 출토된 다음 석제품도 마찬가지다.
수작업만으로는 제작할 수 없을 것이다.

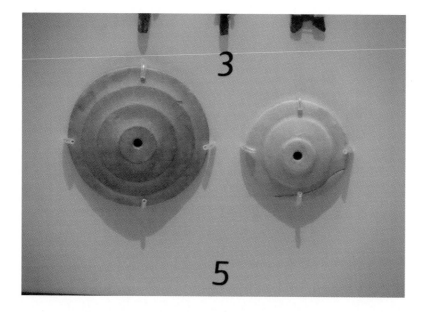

울산 지역 출토 별모양도끼다.

가늘고 반듯한 선이 그어져 있는데, 금속 도구의 존재가 필수로 보인다.

구멍 안쪽까지 선이 그어져 있어 구멍을 판 이후 선을 그었음을 알 수 있다.

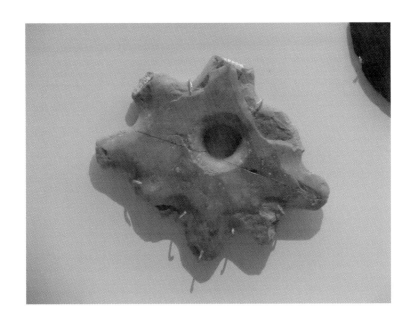

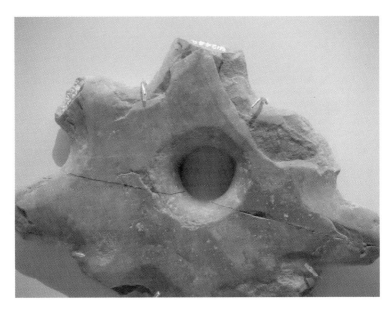

서로 다른 형식의 세 토기의 윗부분 유사한 위치에, 두 구멍이 나타나 있다.
구멍이 형상을 나타내는 듯한데, 뚜렷하지 않다.

검은색 토기 일부분이 균열된 선을 경계로 밝은 색을 나타낸다.

균열된 선을 경계로 색상이 다른 것은 그 부분만 다른 색을 입혔거나 제조 과정에서 잘라낸 다음, 색을 달리해 끼워 놓아야 가능할 것이다.

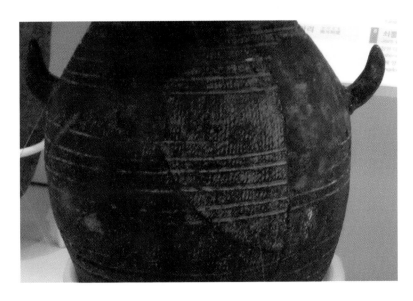

밀양 가인리 출토 토기다.
눈 모양으로 깨진 부분이 눈을 나타낸다.

세울 수 없는 토기다.

균열된 선이 둥글게 그어지거나 길게 이어져 자연적인 균열로 보이지 않는다.

창원 다호리 출토 삼한 시대 토기다.
균열선이 인물상을 나타낸다.

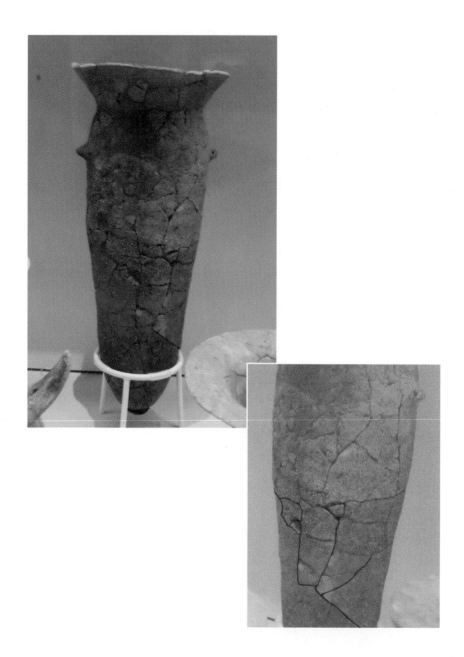

울산 굴화리 출토 민무늬 토기다. 균열된 선이 뚜렷한 인물상을 그린다.

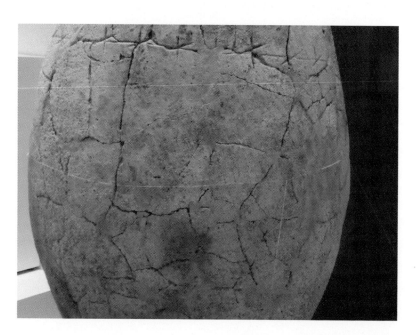

이 토기의 윗부분은 구멍토기 형식인데, 구멍 대신 원형으로 돌출되었다. 돌출된 부분이 눈을 이루고, 선이 입을 표시한 형상이다.

산청 묵곡리유적 출토 토기다. 일부에서만 문양이 아래쪽까지 그어져 있으며, 이 문양들이 인물상을 나타내는 듯하나 뚜렷하지 않다.

선 사이에 새겨진 원형은 눈동자가 뚜렷한 눈을 나타냄이 분명해 보인다.

선이 윤곽선을 이루고 옅게 입을 표시한 추상적 형상이다.

모두 세울 수 없는 대형 토기들이다. 세울 수 없으면 용도와 무관한 항아리들을 이처럼 정성을 들여 크게 만들어 놓은 이유는 무엇일까?

균열선이 두 눈과 입을 이루는 듯하다.

균열된 선이 인물상을 나타낸다.

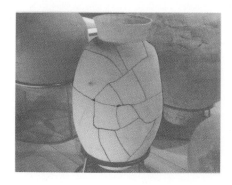

함안 도항리에서 출토된 유약이 흐르는 토기의 깨진 곳이 입 모양을 나타낸다. 위쪽의 돌출된 두 곳이 눈을 이룬다.

토기의 겉면에 번쩍이는 것이 "토기를 굽는 과정에서 점토 속에 들어 있는 유리질 성분이 녹아 유약을 바른 것처럼 보이는 자연 유약"이라고 설명하는데, 다음의 토기를 보면 이 설명은 맞지 않다.

토기의 목 부분에 나타난 유약은 녹아내린 것이 아닌 도포한 것이 분명하다. 유약이 사용되고 있는 것이다.

　창녕 비봉리유적에서 발견된 7,700년 전 신석기 시대 배는 우리나라에서 가장 오래된 배라고 한다. 배는 전체가 아닌 조각난 일부만이 남아 있다. 나머지 부분은 삭아서 없어졌을까?

　"비봉리유적의 퇴적층의 두께는 무려 7m에 달한다."라고 설명되어 있다. 이처럼 두꺼운 퇴적층 때문에 발견된 배의 목재 상태는 매우 견고한 것으로 보인다. 따라서 나머지 부분이 삭아서 없어졌다고 보기 어렵다.

　이 형태대로 제작해 손상되지 않게 개흙 속에 매몰해 놓은 듯하다.

　배에 나타난, 배와 어울릴 수 없는 세 곳의 구멍은 이를 방증한다.

　특히 다음 구멍은 정교해 의도적으로 뚫었음이 명백하다.

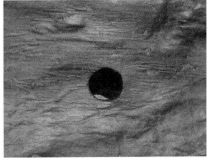

조각들이 형상을 나타낸다.

의도적으로 매몰해 놓았음이 자명하다.

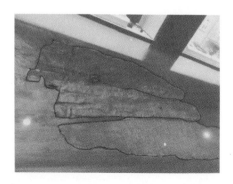

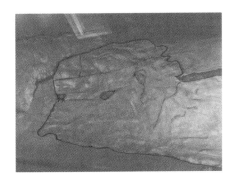

구멍이 한 눈을 표시한다.

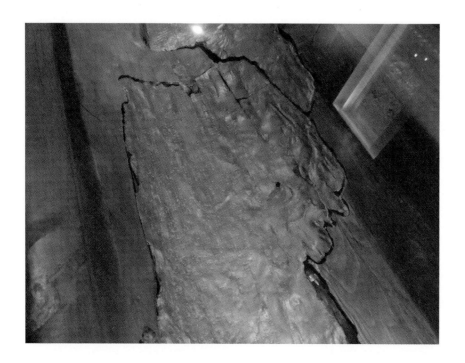

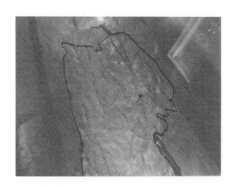

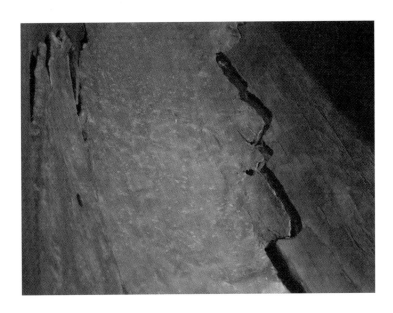

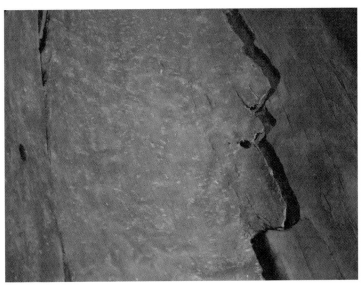

7,700년 전에 매몰했음은 과학적으로 밝혀진 것인데, 왜 7,700년 전에 아주 먼 미래에 배로 판단할 목재를 매몰해 놓았을까?

7,700년 후에 발견될 것을 예상했을까?

29. 김해 대성동고분박물관

대성동 고분 출토 돌화살촉이다.

여러 화살촉의 무늬가 화살촉 모양과 일치하고 있다. 돌검의 무늬에서 설명했듯이, 화살촉의 날 끝부분에서 무늬가 모아져 날의 끝 모양과 일치하는 현상이 자연적으로 이루어질 리 없다. 인위적으로 날카롭게 제작하였으므로, 무늬 또한 인위적으로 입힌 것으로 추정된다.

토기의 윗부분에만 유약이 다량으로 녹아내려 물방울보다 크게 맺혀 있다.
유약을 사용해 조성하지 않고서는 나타날 수 없는 모습이다.

대성동고분군 야외 전시관에 발굴 당시의 사진이 게시돼 있다.

전시관에 발굴 당시의 모습을 재현해 놓았다. 재현된 것이어서 자세한 분석은 의미가 없으나, 이를 감안하면서 다음의 토기만을 간단히 보기로 하자.

토기들을 겹쳐 배치해 놓았다. 이중의 토기들이 눈과 입을 표시하는 듯하다.

대성동 고분이 위치한 지형으로 작은 동산을 이룬다.

고분 주변에 놓여 있는 바위에 쐐기홈이 2개 새겨져 있다. 바위를 자르기 위한 것이 아님은 분명하다. 대성동 고분이 생명형상을 새긴 주체와 관련이 있음을 표시하기 위함은 아닐까?

쐐기홈이 형상의 두 눈을 나타내는 듯한 것도 이를 뒷받침한다.

30. 고성박물관

박물관 입구에 고성 동외동유적 출토 새무늬 청동기 사진이 게시돼 있다.
 아래쪽의 나선형 무늬와 다른 형태의 문양이 두 눈을 이루는 인물상을 나타
내는 듯하다.

고성 무선리 1호 집자리유적 출토 부리형석기라고 한다.
두 눈과 코가 분명한 인물상이 표현돼 있다.

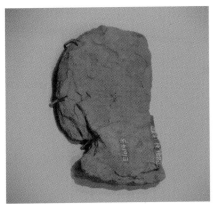
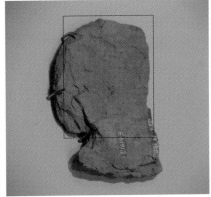

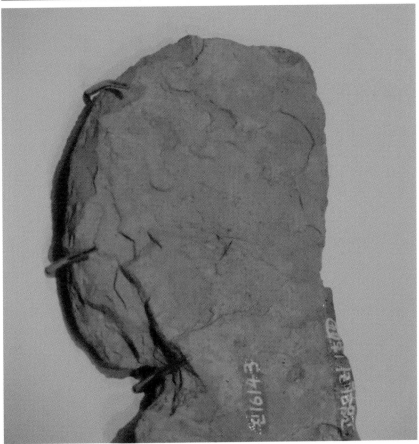

균열선이 형상의 윤곽선을 나타내고, 깨져 구멍을 이루는 두 곳이 눈을 이룬다.

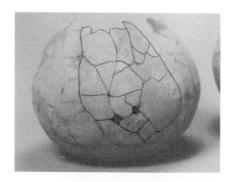

31. 통영시립박물관

앞에서 보았듯이 여러 박물관에 유사한 것이 전시돼 있는 두 구멍이 뚫린 토기다. 구멍 부위의 균열된 모습도 유사하다.

균열선으로 윤곽선과 눈과 코, 입을 표시하는 인물상이 새겨져 있다.

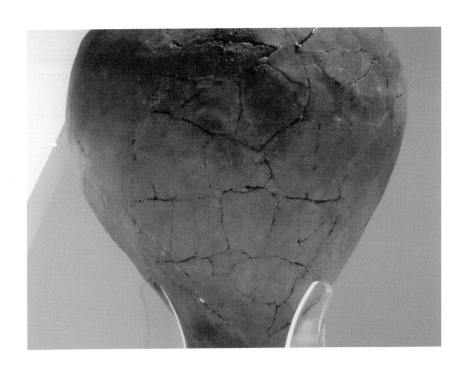

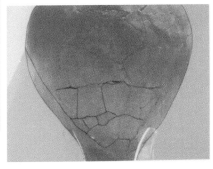

32. 거창박물관

돌검의 손잡이에서부터 날 끝까지 가운데 부분이 돌출된 선을 이루고 있다.
날의 양면을 갈았다면, 갈린 면이 서로 만나는 중앙 부분은 각이 져야 한다.
그런데 뭉툭하게 돌출돼 있어 갈아서 제작하지 않았음이 입증된다.

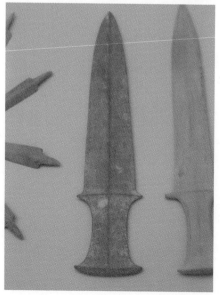

날의 중앙선과 손잡이 구분선이 유사한 형태며, 서로 교차하고 있다.
갈아서 제작할 수 없는 형태임이 자명하다.

박물관 야외에 전시된 거창 가조면에서 옮겨온 고인돌을 살펴보자.

우측 부분이 형상을 나타낸다.

홈의 선으로 눈을 표시하고, 바위를 잘라낸 부분이 벌린 입을 이루는 형상이다.

윗면이 반듯하게 다듬어져 있으며, 다수의 바위구멍이 새겨져 있다.

밑면의 색감이 윗면과 다르다.
표면에 다른 물질이 입혀졌음을 알 수 있다.

윗면에 새겨진 바위구멍은 대부분 표면과 같은 검은색인데, 흰색인 바위구멍 두 곳도 함께 나타나 있다.

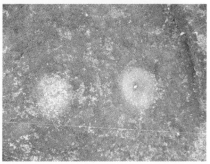

검은색과 흰색 바위구멍 주변 곳곳에 흰색이 드러나 있다. 이는 원석이 흰색이며 검은색이 아주 얕게 입혀졌음을 나타낸다. 바위구멍의 색이 다른데, 검은색 바위구멍은 구멍을 새긴 이후 고인돌 표면의 검은색을 입혔음을 의미하고, 흰색 바위구멍은 검은색을 입힌 이후 새겼음을 의미한다.

흰색 바위구멍의 조성 시기는 알 수 없지만, 검은색 바위구멍은 고인돌 조성 당시에 새겼음이 입증된다.

바위구멍에 선이 지나고 있어 바위구멍이 고인돌 조성 당시에 새겨졌음을 나타낸다.

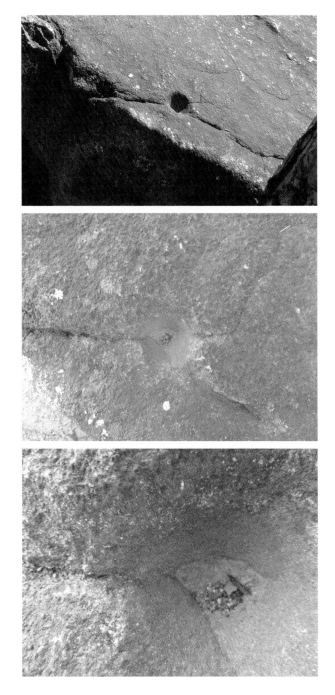

바위구멍을 지나는 옅은 선과 깊은 선이 무늬를 이룬다.
뚜렷하지는 않지만 무늬가 형상을 나타낸다.

바위구멍을 지나는 고인돌 조성 당시에 새겨진 선이 위의 무늬를 이룬다.
따라서 이런 무늬들이 합쳐져 있는 다음 세포 무늬도 고인돌 조성 당시에 인
위적으로 새겨졌음이 입증된다.

윗면과 옆면이 만나는 모서리 지점에 새겨진 두 바위구멍이 눈을 이루고, 세 포 무늬를 이루는 선들이 윤곽선과 입을 표시하는 형상이다.

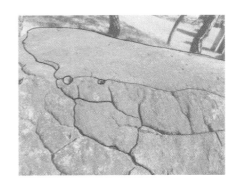

앞 형상의 눈이 입을 이루는 형상이다. 두 바위구멍이 눈을 표시한다.

유사하게 윗면과 옆면의 교차점에 새겨진 바위구멍이 눈을 이루는 형상이다. 입을 표시하는 부분에 뚜렷한 인물상이 중첩돼 새겨져 있다.

표면을 다듬어 눈과 윤곽선을 나타내고, 선을 그어 입을 표시했다.

햇빛이 다를 때 보니, 바위구멍이 입을 표시한다.

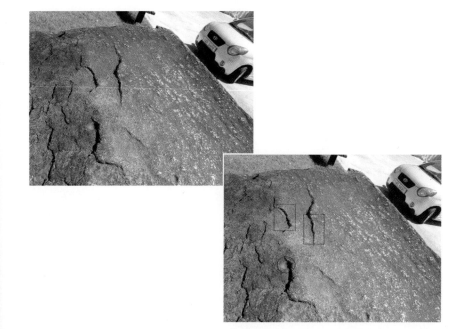

표면을 다듬어 나타낸 인물상이다.

표면을 다듬어 윤곽선을 나타내고, 바위구멍이 눈을 표시한다.

형태를 다듬어 윤곽을 나타내고, 세 바위구멍이 눈과 입을 표시한다.

앞 형상의 눈이 입을 이루는 형상이 연이어 중첩돼 있다.

바위구멍이 눈을 표시하고, 표면을 얕게 다듬어 윤곽을 표현했다.

네 바위구멍이 눈과 코, 입을 형성한다.

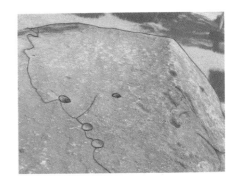

거창 남하면 무릉리에서 옮겨온 고인돌이다.

윗면과 옆면의 위쪽에 걸쳐 검은색이 나타난다. 그러나 옆면 아래쪽과 밑면
은 밝은 색이어서 대비된다. 표면에 검은색 물질이 입혀졌음이 뚜렷하다.

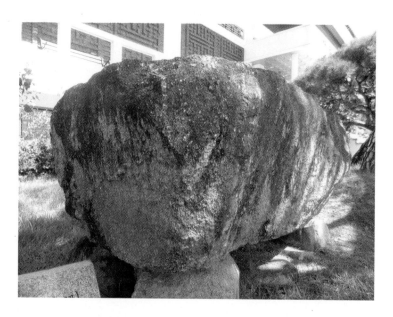

밑면의 색감과 일치하는 흰 바위구멍은 함께 나타난 검은 바위구멍이 고인돌 조성 당시 새겨졌음을 나타낸다.

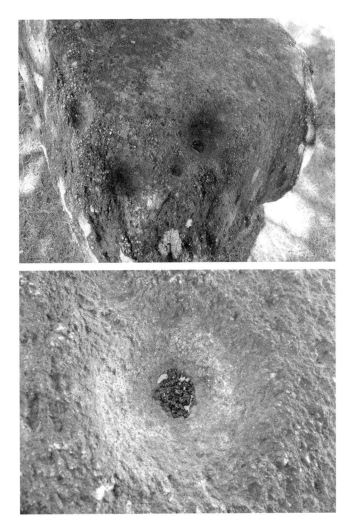

하나의 고인돌에 검은색과 흰색의 바위구멍이 함께 나타나는 경우는 매우 드물다. 그런데 박물관에 옮겨져 있는 거창 지역 2기의 고인돌에는 모두 함께 새겨져 있다. 자주 언급하듯이 고인돌과 유물은 지역적 특성이 있는데, 이는 거창 지역 고인돌의 특색으로 보인다.

33. 고흥분청문화박물관

다양한 형태의 돌검이다.

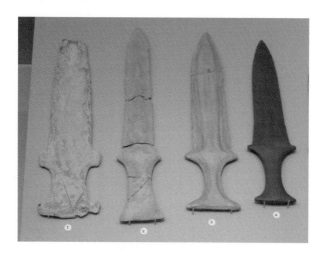

왼쪽에서 세 번째는 고흥 점암면 안치고인돌 출토로 복제품이라고 한다.

돌검은 형태가 단순하므로 복제품이지만 원형과 유사할 것이다.

손잡이를 보면 갈아서 제작하지 않았음이 잘 나타난다.

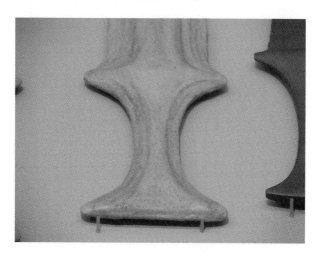

첫 번째는 고흥 대서면 남정리에서 수습한 돌검이다.

손잡이에 길게 검은 선이 그어져 있다. 선은 그어지기보다 표면이 벗겨진 듯
보인다. 위쪽 부러진 날 끝부분을 보면, 검은 색감이 드러나 있다.

검은색의 원석에 밝은 색을 입혔음이 뚜렷하다.

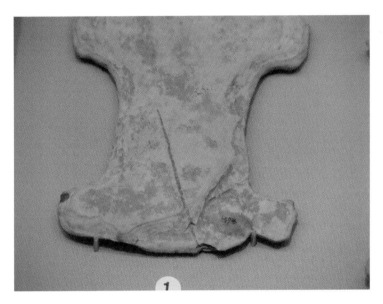

34. 태안 고남패총박물관

태안 고남리패총 발굴 전경이다. 높게 작은 동산을 이루고 있다.

이 정도면 조개껍데기를 버리기 위해 가파른 경사를 올라야 한다.

안내판 내용이다. "패각층은 흙과 패각의 구성비율에 따라 조개껍데기만 쌓여 있는 순패층과, 패각과 흙이 섞여 있는 혼토패층으로 구분한다."

고남리패총을 재현해 놓은 모형이다.

흙이 쌓인 위에, 순패층이 쌓이고, 그 위에 다시 흙이 쌓여 있다. 이처럼 패각 위쪽의 높은 지점에 흙이 자연적으로 쌓일 요인이 없다.

패총이 조개껍데기를 버린 장소가 아닌 인위적으로 쌓은 것임이 명백하다.

민무늬 토기다. 복제품이어서 정확한 분석은 어려우나, 선이 나타내는 형상이
뚜렷하다. 복제품임을 감안하면서 보기로 하자.

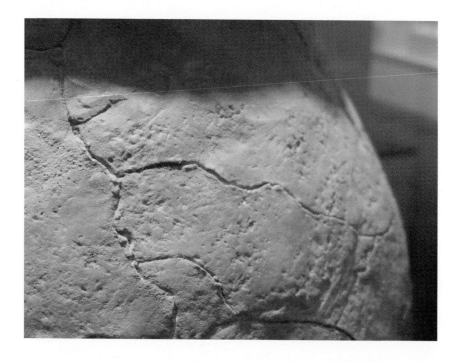

박물관 야외에 옮겨져 있는 태안 장산리고인돌을 보자.

안내판에 "장산리고인돌 무리 일부에는 바위구멍이 보이는데, 민간 신앙이나 원시 종교의 흔적, 장식적인 표지 등으로 해석되고 있다."라고 적혀 있다.

고인돌에 새겨진 바위구멍의 모습이다.

그런데 구멍 옆에 비슷한 크기로 바위가 둥글게 돌출돼 있다.

바위구멍과 돌출된 둥근 부분이 함께 형상의 눈을 나타낸다.

고인돌의 바위구멍이 분명한 의도하에 새겨져 생명형상을 표현하는 기능을 함이 더욱 명확해졌다.

35. 수원박물관

수원 교동 출토 돌검이다. 칼로 자른 듯한 반듯한 선이 그어져 있다.

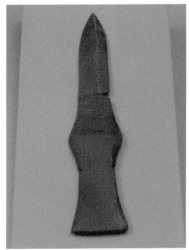

반듯한 선이 긁어서 그은 듯한 날 윗부분의 선과 연결돼 있다. 이는 두 선 모두 의도적으로 그었음을 나타낸다.

돌검에 얕게 나타난 반듯한 직선은 기계 장치로 자르지 않고서는 새겨질 수
없음이 자명하다.

안산 신길동 출토 빗살무늬 토기 복제품이다. 복제품이라 자세한 분석은 의미가 없는데, 다만 다수의 구멍이 나타나 있어 살펴보기로 한다.

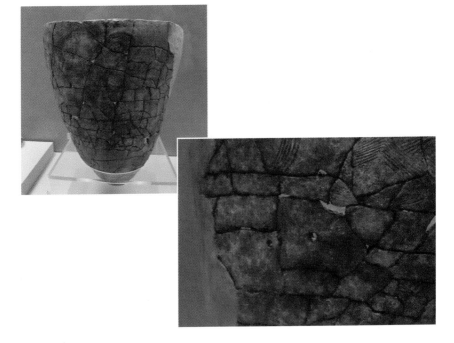

균열선상에 구멍이 있다. 구멍이 끈으로 엮어 보수하려 뚫은 것이 아님은 자명하다. 하나의 토기 여러 지점에 다수의 구멍이 뚫려 있다. 이는 빗살무늬 토기가 실용적 목적으로 제작된 토기가 아님을 입증한다.

수원 서둔동 출토 민무늬 토기다. 균열선이 인물상을 그린다.

36. 경기박물관

연천 삼거리유적의 청동기 시대 돌돈이라 한다.
선이 눈을 나타내어 양쪽으로 형상이 표현되어 있다.

화성 소근산성 출토 토기항아리다. 인물상을 보자.

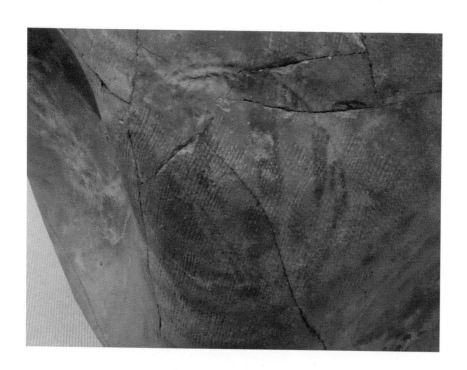

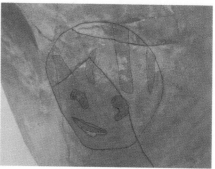

위 항아리가 백제 시대 유물이라는데, 그 이전 시대 유물일 수 있다.

백제 시대 유물이라면 토기에 생명형상을 새기는 계보가 삼국 시대까지 이어지고 있음을 나타낸다. 조선 초에 제작된 해시계 받침대에도 바위구멍과 쐐기홈이 새겨져 있음을 감안하면, 삼국 시대에도 그 맥이 이어지고 있음이 이해된다.

포천 자작리유적 출토 대형 토기항아리다.

색을 어떻게 입혔는지 알 수 없으나, 현대에 재현이 가능할지 의문이 들 만큼 현란하다. 거리가 멀어서 자세히 살필 수는 없었으나, 사진을 확대해 보니 표면에 격자문이나 유사한 무늬가 새겨져 있는 것으로 보인다.

인물상을 표현한 듯하다.

여러 인물상이 중첩돼 표현돼 있는 듯한데, 뚜렷하지가 않다.

다음은 사진이 흐리지만 비교적 뚜렷하므로 보기로 하자.

37. 서울대학교 박물관

가락바퀴의 구멍이 눈을 이루어 우측을 바라보고 있는 모습이다.
선을 그어 다른 눈과 입을 표시했다.

보령 관창리고인돌의 두 눈과 유사하다.

시흥 오이도 출토 빗살무늬 토기다.

많은 구멍이 보이는데, 균열된 선상에 위치한 구멍도 있어 보수를 위한 것은
아니다. 토기와 어울리지 않는 많은 구멍은 토기들이 실제로 사용된 것이 아님
을 나타낸다.

양양 오산리유적의 토기 저부다.

선이 나뭇잎을 깐 흔적이라는데, 앞에서 설명했듯이 인위적으로 그은 것으로 해석함이 타당하다. 선들이 중첩된 인물상을 나타낸다.

구리 아차산 4보루 출토 고구려토기다. 기호가 새겨졌다고 한다.

사람이 팔을 벌리고 서 있는 모습으로 보인다. '사람(人)' 자의 유래에 대해 여러 설명이 있는데, 이 그림을 보면 몸과 다리를 표시하는 것으로 해석된다.

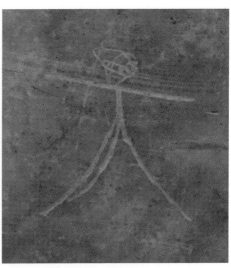

구리 아차산 4보루 외에 여러 지역에서 출토된 기호가 새겨진 그릇 중, 다음 그릇의 세 선은 형상의 눈과 입을 표시하는 듯하다.

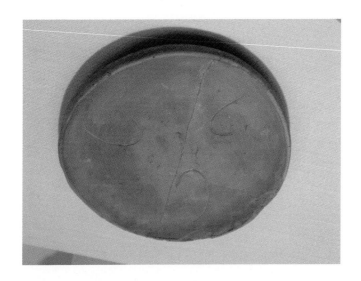

서울 한우물에서 출토된 신라 시대 병이다.

균열된 선을 따라 위와 아래의 색감이 다르다. 두 토기를 하나로 맞춰놓은 듯하다. 고대의 병이 아닌 신라 시대의 것이 맞다면, 이는 고대의 맥이 어떤 형태로든 삼국 시대까지 이어지고 있음을 의미한다.

중국 훈춘 팔련성에서 출토된 발해의 이형토기라고 한다.
구멍이 눈과 입을 표시하는 것으로 보인다.

국립중앙박물관에 전시된, 평양 구역 출토 고구려 시대 집모양 토기도 인물
상을 표현하는 것으로 보인다. 창문은 맞뚫려 있는 반면, 출입문은 막혀 있는
것은 집이 아니라는 의미다. 지붕의 기와가 머리카락을 나타낸다.

밑부분이 둥글어 세울 수 없는 큰 항아리가 다수 전시돼 있다.

다음의 서울 몽촌토성 출토 항아리에는 많이 균열선이 있다.

균열선이 삼각형을 이루는 곳을 보자. 두 선은 균열된 선인데, 한 선은 표면을 긁어 새긴 선이다. 이는 인위적으로 그었음이 분명하다.

선을 그어 삼각형을 만든 이유는 무엇일까?

삼각형이 인물상의 눈을 이룬다. 균열된 선과 인위적으로 그은 선이 함께 인물상을 이룸은 균열 또한 인위적임을 증명한다.

구리 시루봉 보루 출토 항아리다.

균열된 선을 따라 다양한 색감이 나타나므로 이는 조각을 짜깁기 해 놓은 것으로 보인다.

색감이 눈을 표시해, 균열선과 함께 인물상을 이룬다.

38. 가야 전시회

국립중앙박물관에서 열린 가야전시회 유물을 살펴보자.

가야 시대는 고인돌 시대 후대이지만, 유물에 생명형상이 나타나는 경우가 있으니 살펴볼 필요가 있다. 앞에서도 언급했듯이 유물이 더 이른 시대의 것인지에 대한 연구도 필요해 보인다.

김해 가야의 숲 조성 부지 내의 3호 묘에서 발굴된 청동 꺾창은, 일반적인 청동 꺾창과 모양이 다르다. 자루에 꽂는 슴베가 없다. 슴베가 없으면 자루에 꽂고, 끈으로 묶어 사용할 수 없다. 실수로 슴베 없는 청동꺾창을 제작하고, 더구나 이를 묘에 안치하지는 않았을 것이다.

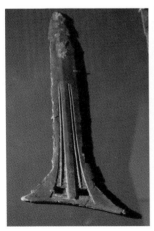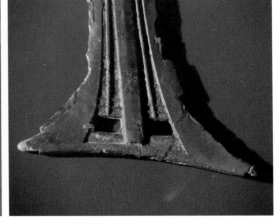

청동꺾창의 용도에 대한 의문이 제기된다. 두 구멍이 눈을 표시하는 것은 아닌지 연구가 필요해 보인다. 실용품이 아니고 의도적으로 제작해 놓은 것일 수 있다. 여러 박물관에 한두 점씩 전시돼 있는 모습이 갈판과 갈돌과 유사하게 구색을 맞추어 제작해 놓은 듯한 느낌이다.

　김해의 묘에서 출토된 투겁창으로, 날의 끝부분의 깨진 모양이 인물상을 나타 낸다. 우연일 수도 있지만 보기로 하자.

고령 지산동 32호 묘 출토 금동관이다.

좌우 균형을 이룬 모습인데, 위쪽 부분은 아닌 듯하다. 일부가 떨어져 나간 것으로 추정할 수도 있으나, 구멍의 위치가 확연하게 다르다.

뚜렷하지는 않으나, 현 상태는 구멍이 눈을 이루며 우측을 돌아보는 형상으로 보인다. 수염을 나타내는 부분이 원래 이 상태로 제작된 것인지, 일부가 떨어져 나간 것인지를 조사하면 더 확실한 결과를 얻을 수 있을 것으로 판단된다.

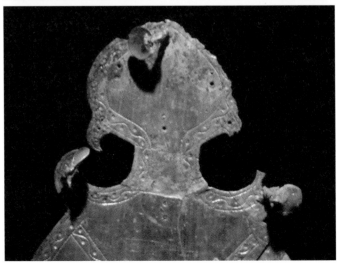

아래쪽 균열된 부분이 인물상의 형태를 이룬다.

우측 위쪽의 떼어져 나간 부분이 둥글게 반원을 이뤄 자연적으로 떨어져 나간 것으로 보기 어려운데, 이 부분이 형상의 목 뒷부분 윤곽선을 나타내고 있다. 앞쪽도 일부가 떨어져 나간 부분이 윤곽선을 이루며 전체적인 균열선과 함께 인물상을 나타낸다.

　토기에 유약이 두껍게 흘러내렸는데, 녹아내려 홈이 파인 지점이 없으므로 유약을 입혔음이 분명하다. 다른 토기에서 보기 어려운, 부풀어 터진 듯한 구멍이 두 군데 나타나 있다. 확정 지을 수는 없지만, 유약이 형상의 윤곽선을 이루고, 두 구멍이 눈을 표시하는 형상으로 보인다.

사천 늑도유적의 토기다.

여러 조각으로 조각난 것을 붙여 놓은 것이 아니며, 균열만 돼 있는 상태인 듯하다. 균열된 조각 부분에 검단리식 토기에 나타나 있는 낟알무늬가 보인다. 홈은 옆면까지 이어지며 계속 나타나지 않고 군데군데 나타나 있다. 이는 토기의 문양으로 새겨진 것이 아님을 의미한다.

균열된 형태가 윤곽선을 이루며, 새겨진 홈이 눈과 입을 표시하는 형상으로 보인다.

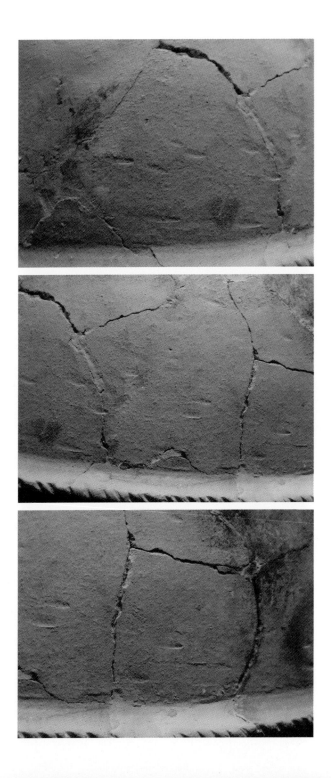

다음도 마찬가지로 균열된 선이 윤곽선을 이루고, 홈이 눈을 표시한다.

아래 형상의 눈이 위 형상의 입을 이루어 형상이 중첩돼 있다.

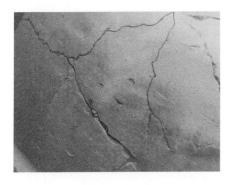

팸플릿에 실린 금관가야궁터 부뚜막이다. 인물상이 뚜렷하다.

실용적인 목적의 부뚜막이 아님을 알 수 있다.

받침대 부분이 무거운 것을 지탱하기에는 너무 얇다.

39. 국립중앙박물관

김해 무계리 출토 돌검의 무늬가 이중으로 날 끝 모양과 일치한다.

이는 무늬가 자연적으로 형성되지 않았음을 나타낸다.

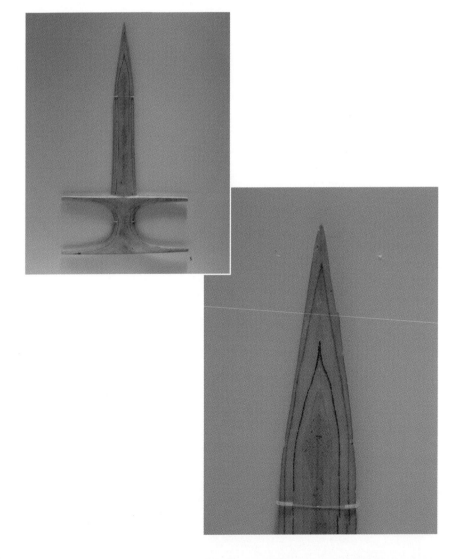

공주 남산리 출토 민무늬 토기다. 균열된 선이 인물상을 나타낸다.
큰 눈 아래에 작게 표시해 이중으로 눈을 표시했다.

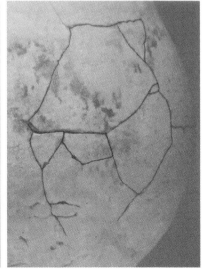

사천 출토 가지무늬 토기다. 토기에 검은색을 입히고 있음이 잘 나타난다.

함북 종성 삼봉리의 항아리다. 위의 가지무늬 토기처럼 검은색을 입힌 것으로 추정되며, 두 군데의 검은 색감이 눈을 표시하는 것으로 보인다.

낙랑의 대표 무덤인 평양 석암리9호분 출토 청동항아리라고 한다.
아래쪽에 맞뚫린 두 구멍은 실용적 항아리로 제작되지 않았음을 의미한다.
유물이 낙랑의 것인지 등 연구가 필요해 보인다.

함평 초포리 출토 청동거울이다.

다수의 선이 그어져 있고, 표면에 홈이 파여 있다. 뚜렷하지는 않으나, 홈이
눈을 이루고 선이 입과 윤곽선을 이루어 인물상을 나타내는 듯하다.

눈이 두 군데 표현돼 있다.

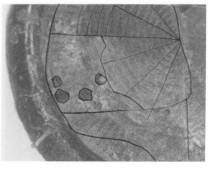

다른 청동거울에서는 거의 볼 수 없는, 움푹 파인 홈이 있다. 앞 형상의 좌측 눈이 우측 눈을 이루고, 파인 홈이 다른 눈을 이루며, 선과 색감이 어우러져 인물상을 나타낸다.

부산대학교 박물관에 게시되어 있는 철기 사진인데, 반월형 돌칼 모양도 있다.

국립중앙박물관에 평북 위원 용연동에서 출토된 원본이 전시돼 있다.

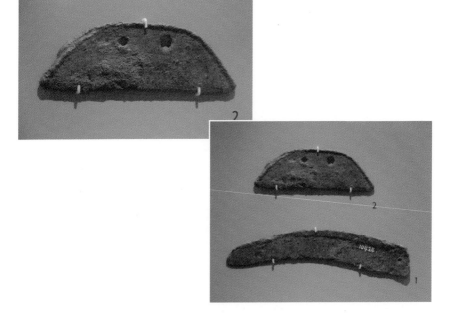

함께 전시된 철제 낫에서 알 수 있듯이 철기 시대에 반월형 돌칼로 추수하지는 않았을 것인데, 신석기 시대 도구를 고고학이 발달하지 않은 시대에 어떻게 알고 제작했을까? 초기 철기 시대에도 반월형 돌칼을 제작한 주체의 계보가 이어지고 있음을 나타내는 듯하다.

40. 박물관 도록

유물을 살펴볼수록 이전에 보지 못했던 형상들이 발견됨을 고려하면, 더 많은 형상이 새겨져 있을 것으로 판단된다. 더구나 놓여 있는 상태 그대로만 살펴본 것이므로 다양한 각도에서 보면 더 많은 형상이 새겨져 있음은 불문가지다.

몇몇 박물관의 도록을 다시 살펴보다가 유물에 새겨진 뚜렷한 형상을 발견했는데, 이를 살펴보자.

충주박물관 도록에 실린 충주 신매리선돌이다. 윗부분에 인물상이 뚜렷하다.

전체로 인물상을 나타낸다.

경주박물관 도록에 실린 원삼국 시대 항아리 밑면에 돌기가 돌출돼 있다. 이는 토기가 실용품이 아닌 기획하에 의도적으로 제작해 놓은 것임을 나타낸다.

김해박물관 도록의 함안 우거리 출토유물로, 토기를 구울 때 층층이 쌓기 위한 재임 모습이라고 한다. 그러나 토기를 겹치지 않게 층층이 쌓는 것이 아니고 토기 내에 다른 토기를 쌓으면, 화력이 미치지 못하는 부분이 있을 것이므로 설득력이 없다. 토기를 의도적으로 제작해 놓았음을 여러 곳에서 설명했다. 확정할 수 없지만, 가락바퀴 모양 부분이 두 눈을 나타내는 형상으로 해석된다.

계명대학교 박물관 도록에 실린 김천 송죽리유적의 토기다.

일부 검은 색감이 별들의 모임인 성운처럼 보이는데. 균열된 선이 윤곽선을 나타내고, 검은 선의 집합이 눈과 입을 표시하는 인물상으로 보인다.

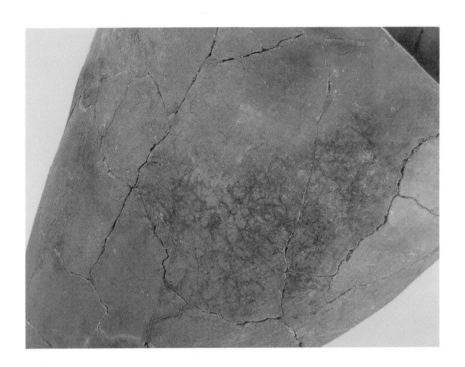

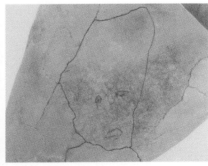

김해박물관 도록에 실린 김해 회현동 출토 점치는 뼈인데, 새겨진 홈이 형상을 표현하는 듯하다.

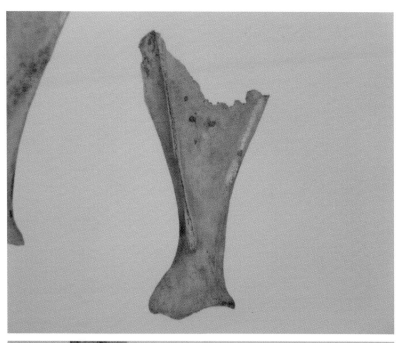

〈조동리, 선사로의 특별한 여행〉 도록에 실린 갈판과 갈돌이다.

갈판에 새겨진 반듯한 선은 석기로는 그을 수 없다.

다음은 갈돌이라고 하는데, 두 개의 돌을 붙여 놓은 것으로 보이므로 갈돌은 아닐 것이다. 붙인 돌은 갈라지기 쉬워 적합하지 않다.

두 개의 돌을 붙였음이 분명하다. 돌을 붙이는 방법을 현재로선 알 수 없지만, 돌을 붙일 수 있음은 당시에 발달한 과학 기술이 존재했음을 의미한다.

『한국미의 태동 구석기·신석기』(김성명 외, 국립중앙박물관, 2008.)에 실린 서울 암사동 출토, 신석기 시대 따비다. 따비로 규정된 신석기 시대 유물이 많은데, 땅을 일구는 도구로 보기에는 규모가 너무 작다.

윗부분이 인물상을 나타낸다.

옆으로 돌려보면 균열된 선이 윤곽선을 이룬 인물상이 뚜렷하다.
신석기 시대 석기들이 생명형상을 표현함이 잘 나타난다.

충주박물관 도록에 실린 화살촉은 색상이 현란하다.

단색의 화살촉 끝에 작게 나타난 색감은 색을 입혔음을 나타낸다.

경주박물관 도록의 화살촉이다.

다음의 화살촉은 홈으로 눈과 입을 표시한 인물상이 뚜렷하다.

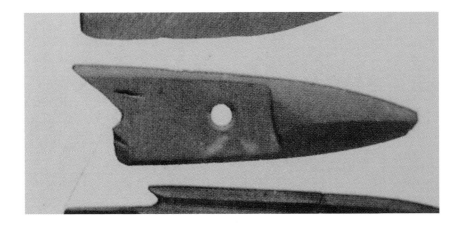

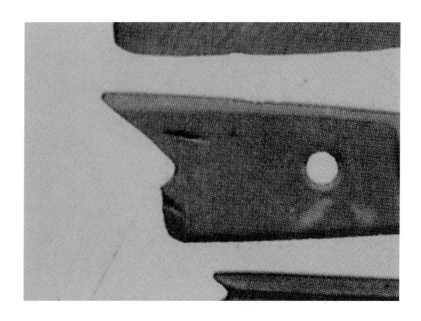

다음 화살촉 우측 부분에 인물상이 뚜렷하다.

좌측 부분과 세운 상태에서도 형상이 나타나는데, 사진이 뚜렷하지 않아 생략한다.

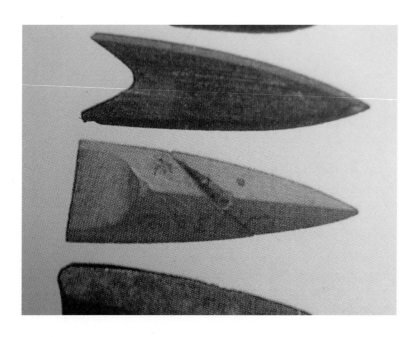

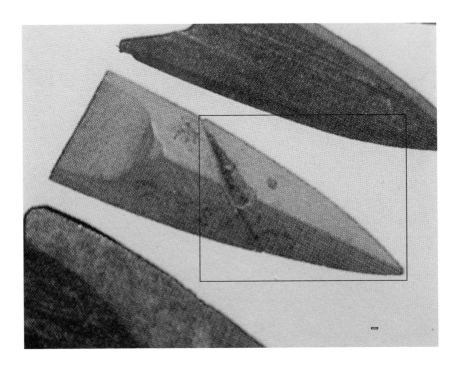

김해박물관 도록에 실린 양산 소토리 출토 돌검이다.

손잡이 부분에 홈과 선이 새겨져 형상을 나타낸다.

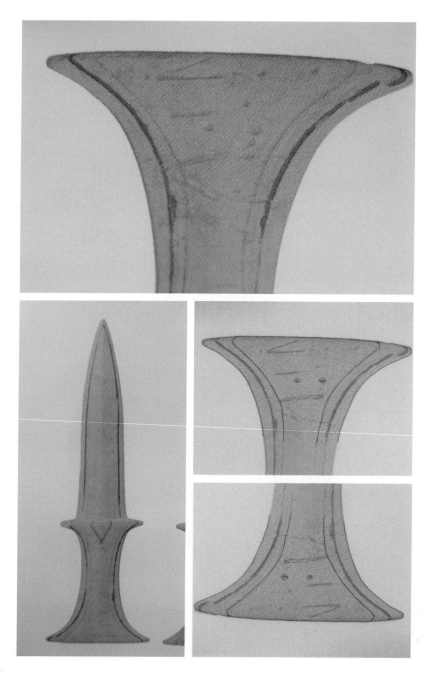

충주박물관 도록의 돌검이다. 다른 돌검과 달리 칼끝이 한쪽으로 치우쳐 있다. 날 아랫부분에 사선으로 홈이 파여 있다.

사선으로 파인 홈의 형태를 다듬어 인물상을 나타냈다.
돌검에 사람형상이 새겨져 있음이 명확히 증명된다.

16장

대형옹관과
격자문 토기

1. 대형옹관의 제작

영산강 유역에서 대형옹관이 수백 기 출토되었는데, 큰 것은 크기 1.9m, 무게 400kg에 이른다. 이는 다른 지역에서는 볼 수 없는 독창적 유물이라 한다.

대형옹관의 규모가 커서 성형 과정에서 쉽게 부서져 재현에 어려움이 컸지만, 재현에 성공했다고 한다. 그 사진이 국립나주문화재연구소에서 발행한 〈대형 옹간 제작 고대기술 복원 프로젝트-2012종합보고서〉에 게시돼 있다.

그런데 재현된 옹관은 색이나 질감이 현대의 옹기와 유사하며, 출토되는 대형 옹관과는 크게 다른 듯하다. 제작 공정이 지금의 옹기 제작과 다르지 않으니 크 기가 커서 성형이나 굽는 과정이 어려울 뿐, 일반 옹기와 다르지 않다. 반면 출 토되는 대형옹관은 옹기보다 토기에 가까워 보이므로 재현에 성공했다고 할 수 없다.

나주 복암리고분관에 전시된 나주 화정리 고분의 대형옹관이다.
옹기와는 거리가 멀어 보인다.

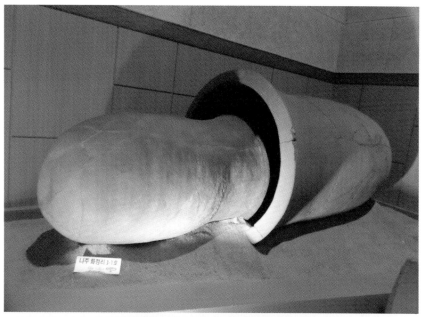

대형옹관과 재현된 옹기와는 또 하나의 큰 차이점이 있다. 대부분 대형옹관의 표면은 작은 격자무늬로 덮여 있다. 이 무늬에 대해 학계에서는 '성형 과정에서 격자무늬가 새겨진 타날판으로 두들겨 형태를 잡을 때 새겨진 타날무늬'라고 설명한다. 그런데 재현된 옹기에는 무늬가 없다. 재현 과정에서 왜 타날무늬를 새기지 않았을까? 타날판으로 두들기는 방법으로는 대형옹관에 나타난 격자무늬를 새길 수 없기 때문으로 판단된다.

성형을 위해서 타날판으로 여러 번 두들기면 타날무늬가 서로 겹치게 된다. 도장을 두 번 찍으면 선이 겹치게 되는 것과 같다. 그런데 대형옹관의 격자무늬는 겹침이 없이 온전한 형태를 유지하고 있다. 두들겨서는 나타날 수 없는 형태이며, 찍어서 격자무늬를 새긴 듯한 모습이다.

나주 복암리고분관에 전시된 대형옹관 조각의 격자무늬다. 여러 번 두들겨서는 이런 모습이 될 수 없다.

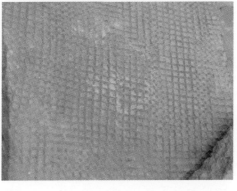

복암리고분관에 전시된 찌그러진 옹관의 격자무늬도 타날판으로 두들겨서 나타날 수 없는 섬세한 무늬다.

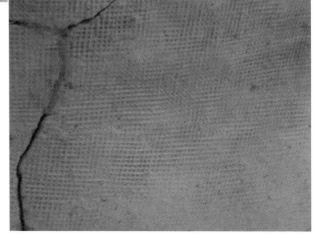

격자문이 타날판으로 두들겨 새겨지지 않았음은 대형옹관 복제품에서도 확인할 수 있다. 복암리고분관에 제14호 독무덤 대형옹관의 복제품이 전시돼 있다.

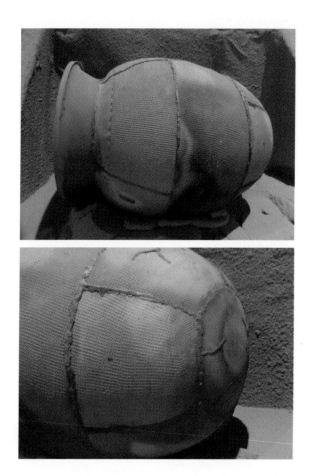

이 복제품은 여러 조각을 붙여서 제작하였다. 앞에서 봤던 대형옹관을 재현한 옹기보다 규모가 작은데, 전체를 한 번에 제작하지 않고 조각을 붙여서 제작한 것은 격자문 때문일 것이다. 둥근 토기 전체에 걸쳐 겹치지 않게 나타나는 격자문을 재현할 수 없는 것이다.

대형옹관의 재현에 전혀 성공하지 못한 듯하다.

대형옹관 재현의 어려움은 연구자의 다음 말에서도 알 수 있다.

> "불과 물 그리고 흙의 이용에 관해서는 지금도 흉내 내기 어려울 만큼, 최고의 첨단 기술을
> 만들었다고 생각됩니다."
>
> - 이찬희 공주대 문화보존학과 교수(《YTN사이언스》, 〈대형옹관의 비밀〉).

대형옹관의 제작 방법은 옹기처럼 불에 구워서 단단하게 하는 방식이 아닌, 다른 방식이 적용되었을 수 있다고 생각된다. 가마터가 발견되었다지만 의도적으로 조성해 놓은 것일 수 있다. 그 예로, 굳으면 단단해지도록 접착제 등을 흙에 첨가한 후 격자문이 새겨진 거푸집에 넣어 제작했을 수 있다.

대형옹관을 의도적으로 제작해 놓은 듯한데, 이를 28기의 대형옹관이 출토된 나주 복암리3호분에서 유추할 수 있다. 복암리3호분에서 7종류의 묘제가 드러났다 한다. 복암리3호분에 대한 설명을 보자.

> "하나의 분구(봉분)에서 41기나 되는 다양한 무덤들이 나왔지. 목관묘-옹관묘-석곽옹관묘-수
> 혈식석관묘-횡구식석관묘-횡혈식석곽묘, 뭐 이런 식으로 줄줄이 나왔어. 어때요, 옛사람들이
> 후손들을 생각해서 타임캡슐을 묻어 둔 것 같지 않아?"
>
> - 조유전 토지박물관장, "나주 복암리-무덤박물관이 던진 고대사 실마리"

묘제는 쉽게 변하지 않음을 고려하면, 한 봉구에서 7종류의 묘제와 41기의 다양한 무덤이 발견됨이 자연스러운 매장의 결과로 보기 어렵다. "후손을 생각해서 타임캡슐을 묻어둔 것 같다."라는 말은 비유가 아닌 사실로 추정된다. 대부분의 옹관에 유골이 없음도 이를 방증한다.

의도적으로 조성해 놓았을 가능성이 큰 복암리3호고분에서 대형옹관이 28기 출토된 것은 대형옹관 또한 의도적으로 배치해 놓은 것임을 의미한다.

 뒤에서 보겠지만 대형옹관이 생명형상을 나타내므로 대형옹관과 이를 매장한 복암리3호고분을 의도적으로 조성해 놓았음이 입증된다.

 현대의 기술로 재현해 낼 수 없는 대형옹관은 조성한 주체의 문명 수준이 현대를 뛰어 넘을 수 있음을 의미하며, 조성한 주체들이 현대인에게 하나의 질문을 던진 것은 아닐까 추정된다.

2. 대형옹관과 격자문 토기

대형옹관의 격자무늬의 중요성은 함께 발굴되는 토기에도 나타난다는 점이다. 먼저 대형옹관에 격자문이 새겨진 방식을 보자.

국립중앙박물관에 전시된 영암 내동리 출토 대형옹관이다.

확실한 경계선을 따라 대형옹관의 윗부분은 무늬가 없으며, 아래쪽은 격자문
에 덮여 있다.

밑부분까지 격자문에 덮여 있다.

밑부분의 일부에만 나타난 검은 색감은, 제작과정에서 불에 구울 때 나타난 것이 아니라, 토기처럼 색을 입힌 것으로 추정된다.

검은색을 입힌 대형옹관에 격자문이 선명하다.
검은 색감을 입혔음이 잘 나타난다.

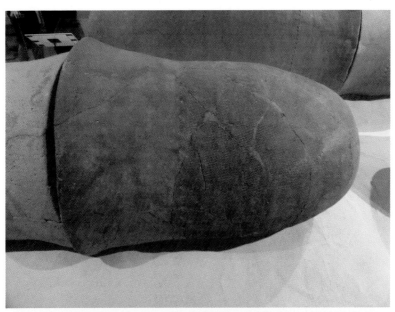

크기나 형태는 다르지만, 살펴본 대부분의 대형옹관에 유사한 방식으로 새긴 격자문이 나타나 있었다.

그런데 토기에도 유사한 방식으로 격자문이 새겨진 경우가 있다.

국립중앙박물관에 전시된 중부 지역 토기에 유사한 방식으로 격자문이 새겨져 있다. 그런데 대형옹관처럼 윗부분에는 무늬가 없으며, 아랫부분에만 격자문이 새겨져 있다. 대형옹관과 동일한 방식으로 격자문이 새겨진 토기는 대형옹관과 격자문 토기가 동일 주체에 의해 제작되었음을 추정하게 한다.

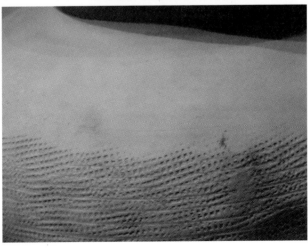

　　나주 복암리고분관에 전시된 토기에도 대형옹관처럼 아랫부분에만 격자무늬가 새겨져 있다. 28기의 격자문이 새겨진 대형옹관과 함께 출토되었으므로, 대형옹관과 격자문 토기가 동일 주체에 의해 제작됐음이 입증된다.

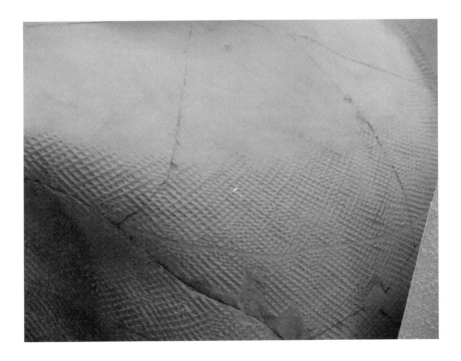

국립중앙박물관에 게시된 토기 안내판의 격자문에 대한 해설을 보자.

"타날문토기는 기벽을 단단하게 하는 두드림 기법을 적용하여, 표면에 삿무늬와 문살무늬 (격자문)가 남아 있다."

토기의 격자문이 타날판으로 두들겨 새겨졌다고 설명하고 있다.

그러나 대형옹관과 마찬가지로 타날판으로 두들기면 무늬가 겹치므로 설득력이 없다. 이는 직선의 타날판을 두들겨서는 곡선의 토기에 길게 이어지는 격자무늬가 새겨질 수 없다는 점에서도 알 수 있다.

김해박물관에 전시된 창원 신방리과 김해 봉황동유적의 타날판을 보자.

직선의 타날판으로 곡선의 곳을 두들겨 길게 연결되는 격자문을 새길 수 없음은 당연하다. 타날판으로 두들겨서 격자무늬가 새겨지지 않았음은 자명한데, 지금까지 학계의 정설인 것은 큰 의문이다.

　전북대학교 박물관에 전시되어 있는 격자문 토기는 격자문을 그린 것으로
보여 의문이다.

　검은 색감이 토기의 일부에만 나타나는데, 아주 특이한 점이 있다. 검은 색감
부분에 격자문이 보이는데, 표면뿐 아니라 깨진 면에도 나타나 있다는 것이다.

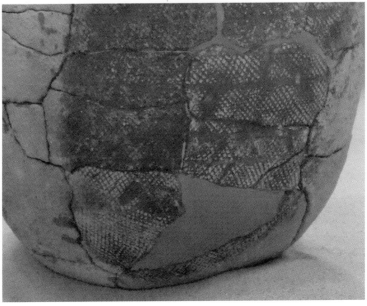

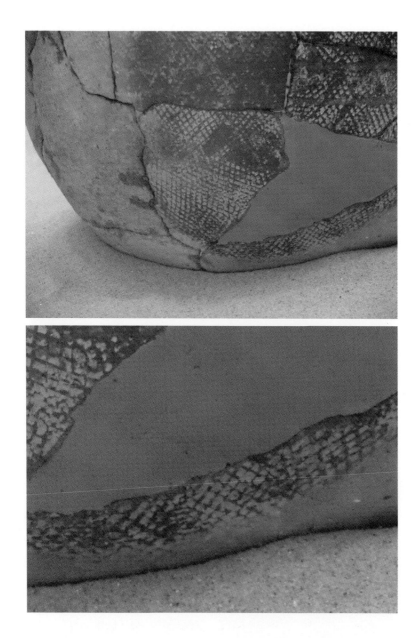

　발굴 후 그려 넣었을 리도 없는데, 토기 깨진 부분에 무늬가 나타난 이유는 무엇일까? 다른 유물에서도 언급했듯이 유물을 의도적으로 조성해 놓았음을 알아볼 수 있도록 하기 위한 것으로 추정된다.

대형옹관과 격자무늬가 새겨진 토기가 동일 방식으로 제작되었을 것으로 추정되는데, 격자문이 새겨진 토기는 전국에서 출토되고 있다. 따라서 대형옹관을 영산강 유역만의 독창적 유물이라 할 수 없다. 영산강 유역에만 배치해 놓았다고 해석하는 것이 타당해 보인다.

격자무늬가 새겨진 토기는 영산강 유역과 인접한 지역뿐만 아니라, 전국에서 볼 수 있는데, 이는 당시에 한반도가 동일 문화권이었음을 의미한다. 빗살무늬 토기나 민무늬 토기가 전국에서 출토되는 것으로 당시 전국이 동일 문화권이었음을 알 수 있는 것과 같다.

그러나 전국에서 발견되는 격자문 토기들이 대형옹관을 제작한 영산강 유역에서 제작되어 옮겨졌다면 이야기는 달라진다. 따라서 격자문 토기들이 각 지역에서 자체적으로 제작되었는지 살펴볼 필요가 있다.

먼저, 영산강에서 먼 거리에 있는 격자문 토기를 살펴보자.

서울대학교 박물관 도록에 실린 서울 몽촌토성의 격자문 토기다.
대형옹관처럼 밑부분에만 격자문이 새겨져 있다.

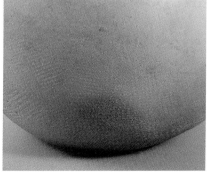

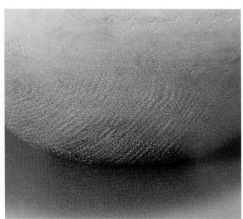

양구선사박물관에 전시된 강릉 강문동유적의 격자문 토기다.

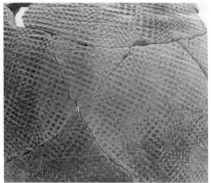

홍천 하화계리유적의 격자문 토기다.

서울과 강원도 등 영산강과 먼 거리의 지역에도 격자문 토기가 출토됨을 알 수 있다. 소장품이 더 있을 것으로 생각되나, 전시된 유물만 대상으로 한다면 격자문 토기의 수가 적어 이 지역에서 자체적으로 제작되었는지는 판별하기 어렵다.

그런데 춘천 중도에서 출토된 격자문 토기는 자체 제작일 가능성이 크다. 중도식 토기로 불릴 만큼 많은 토기가 출토되기 때문이다.

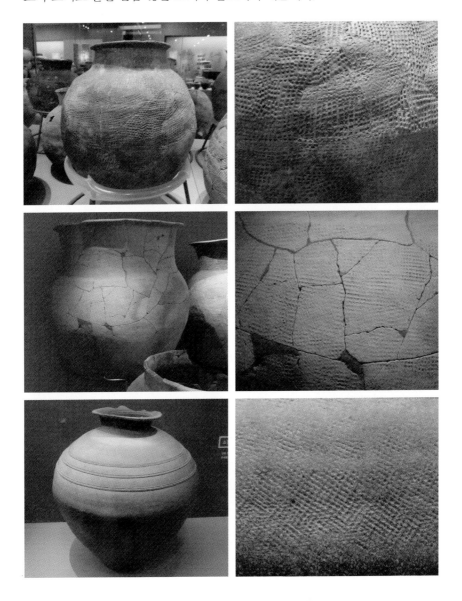

많은 수의 격자문 토기가 발굴되는 동남부 지역을 살펴보자.

국립중앙박물관 가야 전시회에 김해 대성동29호무덤 모형이 전시되었다. 철기 등 유물이 발굴 당시의 모습대로 재현되었는데, 17기의 토기가 놓여 있었고 이중 15기의 토기가 격자문 토기였다. 적은 수라면 교류의 결과로 외부에서 반입된 것이라고 해석할 수도 있으나, 다수가 발굴되니 자체적으로 제작된 것이 분명하다.

김해 대성동고분박물관에 대성동고분군에서 출토된 격자문 토기가 전시돼 있다.

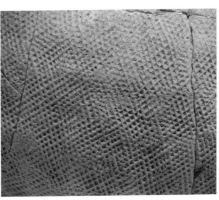

부산 복천박물관에 전시된 격자문 토기를 보자.

부산 연산동 출토 격자문 토기다.

뚜껑 손잡이를 중심으로 둥글게 균열이 나 있다. 손잡이 양편으로 균일하게 균열이 나 있다. 이는 의도적으로 균열되게 했음을 의미한다.

연산동 출토 토기로 미세한 격자문이 새겨져 있다.

 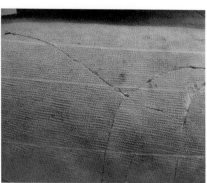

복천박물관 도록에 실린 부산 복천동고분 출토 격자문 토기다.

울산대곡박물관에 전시된 격자문 토기이다. 울주 대곡댐 수몰 지구인 하삼
정 마을의 유물이다.

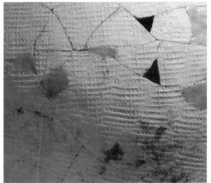

독 甕
jar

구멍이 뚫려 있다. 실용품으로 제작되지 않았음을 나타낸다.

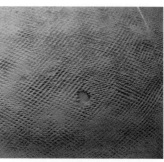

하삼정유적에 대한 보도를 보자.

> "800여 기의 고분의 수도 대단하거니와 그 지역이 6천 평에 불과한 단일 지역이어서 한반도
> 최고의 밀집도를 자랑한다. (중략) 수세기 동안 수백의 고분이 봉분만 훼손된 채 그대로 보존된
> 것은, 그것도 한곳에서 집단적으로 발견된 것은 극히 이례적인 일이다."
>
> - "하삼정 고분군의 운명은", 경상일보, 2003.7.23.

봉분이 훼손되어 무덤처럼 보이지 않으므로 도굴되지 않고 그대로 보존된 듯
하다. 800여 기에 달하는 무덤이 무덤임을 알기 어려울 정도로 봉분이 훼손된
것은 자연스럽지 않다. 처음부터 봉분이 없었던 것은 아닐까?

나주 복암리고분이 무덤을 아파트형으로 조성해 놓고 흙을 덮어 작은 동산처
럼 보이게 해 무덤임을 알 수 없도록 했듯이, 하삼정유적은 봉분을 아예 조성하
지 않아 무덤임을 감추었을 수 있다. 또는 무덤이 아니었을 수도 있다.

나주 복암리고분은 원래 7기가 있었으며, 주민들은 이를 칠조산(七造山)이라
불렀다고 한다. 이름 자체가 만들어진 산이라는 뜻을 내포하고 있다. 작은 산처
럼 보이니 무덤의 집합임을 알기 어려워 도굴이 방지된다.

하삼정유적에서는 금동제 대관 등 1만 3천여 점의 많은 유물이 출토되었다.
규모가 작지 않은 무덤도 다수일 것인데, 봉분이 자연적으로 알아보기 어려울
정도로 완전히 훼손되었다는 것은 설득력이 없다.

하삼정유적의 봉분이 없는 무덤들은 애초에 무덤이 아니었을 수 있다.

무덤의 발굴 당시의 사진은 이를 뒷받침한다. 가운데 긴 구덩이 양쪽의 두 구덩이가 형상의 눈을 표시하는 듯하다. 이는 생명형상과 관련이 있음을 나타낸다. 또한, 하삼정유적의 유물이 출토되는 지점이 무덤이 아닌 의도적으로 조성해 놓은 유물의 저장 창고일 수 있음을 의미한다.

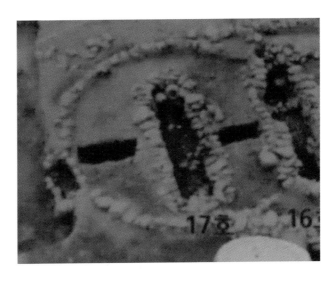

하삼정유적에서는 조선 시대 분청사기, 백자 등과 가마터가 발견되었다고 한다. 앞에서 고인돌 조성 당시의 도자기 제작 가능성을 설명했는데, 이는 하삼정유적의 분청사기나 백자가 조선 시대가 아닌 청동기 시대의 것일 수도 있음을 의미한다. 이미 유적지는 물에 잠겨 더이상의 조사가 불가하지만, 유물을 새로운 시각에서 검토해 볼 필요가 있다.

많은 수가 출토된 하삼정유적의 격자문 토기는, 영산강 유역에서 옮겨오지 않고 자체 제작되었을 것이다. 인근 지역인 김해, 울산, 부산 지역에서도 다량의 격자문 토기가 출토되었다. 이는 지역에서 자체적으로 제작하였음을 입증한다.

전국에서 출토되는 격자문 토기는 당시 전국이 하나의 문화권이었음을 나타내며, 영산강 유역의 대형옹관도 이 지역만의 독창적 문화가 아닌 동일 문화권의 일부임을 증명한다.

격자문 토기편이 김해 봉황동 조개더미유적에서도 출토된다.

길게 격자문이 이어져 있으며, 전체적인 형태가 윤곽을 이루고, 색감을 이용해 보일 듯 말 듯 인물상을 표현하는 듯하다.

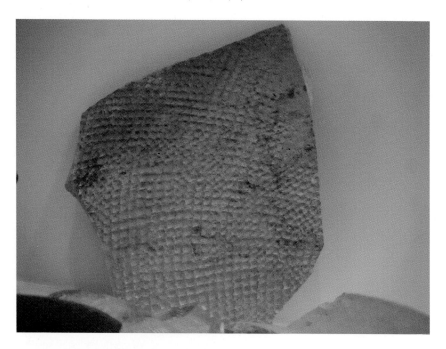

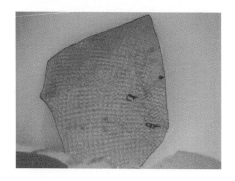

격자문 토기의 출토는 조개더미유적이 채집 생활을 하는 낮은 단계의 문명이 아니라, 현대에도 재현해 낼 수 없는 대형옹관을 제작하는 높은 단계의 문명의 소산임을 증명한다.

3. 대형옹관의 사람형상

대형옹관은 많은 수가 조각난 상태로 발견된다고 한다. 이를 붙여 복원하면 원래 형태를 그대로 유지하므로 조각들이 삭지 않고 견고함을 알 수 있다. 이처럼 견고한 대형옹관이 작게 조각난 상태로 발견되는 것은 깨트려 매장했기 때문일 수 있다. 그렇다면 빗살무늬 토기나 민무늬 토기의 균열된 선들이 형상을 나타내듯이, 대형옹관도 형상을 표현하지 않을까?

이런 관점으로 답사해 보았으나, 전시된 대형옹관의 다수가 옆으로 누워 있는 상태여서 형상을 분석하기 어려웠다. 나주박물관, 광주박물관에 세워 놓은 것들이 몇 기 있었으나, 광주박물관은 조명이 어두워 살피기 어려웠고, 나주박물관에서도 뚜렷한 형상을 발견할 수 없었다.

이런 와중에 나주 복암리3호분에 대한 방송(《문화유산채널》, 〈아파트고분 미스터리 2부 옹관 무덤의 미스터리〉)에서 복원해 놓은 대형옹관을 보았다.
세워진 대형옹관의 균열선이 뚜렷한 인물상을 나타낸다.

위 형상의 입이 눈을 이루는 더 큰 형상이 중첩돼 있다.

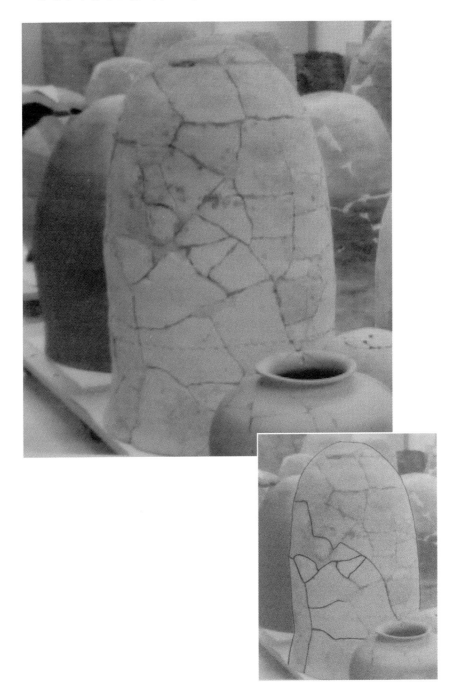

많은 빗살무늬 토기나 민무늬 토기 중 소수에만 뚜렷한 생명형상이 새겨져 있듯이, 대형옹관도 이와 유사할 것으로 추정된다.

그런데 대형옹관은 매장된 형태도 이용해서 형상을 표현하는 듯하다.

나주 복암리3호분을 재현해 놓은 복암리고분관에 3호, 6호, 11호 독무덤이 재현되어 있는 모습이다.

다음 11호독무덤의 균열된 모습은 자연적으로 형성될 수 없으며, 의도적으로 균열시켰음이 분명하다.

6호분의 남아 있는 작은 독의 균열된 선이 형상의 눈과 입을 이룬다.

위의 3호와 6호독무덤의 큰 독 윗부분은 남아 있지 않다.

유사하게 윗부분이 없는 모습을 복암리고분관에 게시된 나주 화정리3호분의 발굴 당시의 사진에서도 볼 수 있다. 윗부분이 삭아서 없어졌을까?

밑부분이 온전하게 남아 있고, 발굴되는 대형용관의 조각들이 견고함을 감안하면, 윗부분의 깨진 조각들은 다음 복암리 7호독무덤처럼 남아 있어야 한다.

조각들이 남은 옹관 안에 있고, 흙에 덮여 있어 유실될 가능성도 적다.

처음부터 윗부분이 없는 상태로 묻지 않고서는 나타날 수 없는 현상이다.

독무덤의 배치에 기획이 담겨 있음을 나타낸다. 윗부분이 없는 독을 묻은 이유는 무엇일까?

복암리박물관에 게시된 3호독무덤의 발굴 당시 사진이다.

전체적 형태가 윤곽을 이루고, 놓인 단지가 눈을 표시하는 인물상임이 뚜렷하다. 균열된 선이 입을 표시한다.

484

뚜렷함은 덜하나 유사하게 작은 단지 하나가 놓인 6호독무덤도 단지가 눈을 나타내는 인물상을 표현한다.

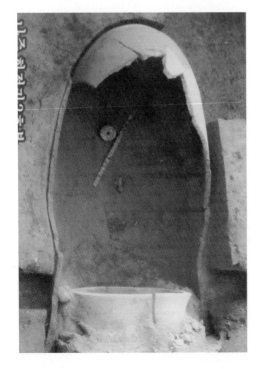

방추차 하나가 놓인 화정리고분의 독무덤도 방추차가 눈을 나타내는 인물상으로 보인다.

위 대형옹관들은 윗부분을 제거해 밑부분이 인물상을 표현하도록 제작해 매장했음을 알 수 있다. 그런데 유사한 형태를 가마터에서도 볼 수 있다.

진천 산수리 백제 가마터에 대한 설명을 보자.

> "이곳에서 수집된 많은 토기편들은 원삼국시대부터 타날문토기(두드림무늬 토기)가 백제 토기로 발전해가는 과정을 보여 주고 있다. 이 일대에는 기원 전후 무렵부터 타날문 토기 요지들이 자리 잡기 시작한 것으로 밝혀졌다."
>
> - 디지털 진천문화대전

앞에서 두드림 기법으로 토기에 타날문(격자문)이 새겨질 수 없음을 설명했다. 산수리 가마터유적에서 격자문 토기가 많이 수집되는 것은 산수리 가마터 또한 의도적으로 조성해 놓았을 가능성이 큼을 의미한다.

숭실대학교 박물관에 게시된 산수리 가마터의 사진을 보자.

나주 복암리3호분의 윗부분이 제거된 대형옹관과 매우 흡사하다. 사람 얼굴 형상으로 다듬어진 곳에 한 개의 단지가 놓여 눈을 표시한다.

가마터가 형상을 나타내도록 조성되었음을 알 수 있다. 백제 시대의 가마터라고 하는데, 시기에 대한 재조사가 필요하다. 또한, 선사 시대의 가마터들이 의도적으로 조성해 놓은 것인지에 대한 전반적인 연구가 필요해 보인다.

대형옹관들이 매장된 모습 자체로 형상을 표현하고 있음이 드러났다.
흙에 묻혀 보이지도 않는데, 형상을 조성할 필요가 있었을까?
그러나 결과적으로 형상이 분명하게 드러나는 사진을 보고 있다.

대형옹관이 형상을 표현하도록 매장했다면, 복암리3호분에 유사하게 매몰된 상태대로 형상을 표현하고 있는 다른 사례도 있을 수 있다.
이에 대해 살펴보자.

1호돌방무덤을 보자.

사진을 찍고 이에 근접하도록 재현했을 것이지만, 실물과는 다를 수 있다. 재현한 것임을 감안하며 현 상태 그대로를 살펴보기로 하자.

넓은 무덤방에 가늘고 짧은 철 조각 3개를 제외하고 단지들만이 몇 점 놓여 있을 뿐이다. 단지들이 이유 없이 배치되지 않았을 것으로 짐작된다.

부산 복천박물관 야외 전시관에 재현해 놓은 단지들에서도 흡사한 형태를 볼 수 있었다. 4기의 단지가 두 눈과 코, 입을 표시하는 것으로 해석된다.

9호굴식돌방무덤이다.

넓은 무덤방에 7기의 단지만이 놓여 있다. 약간 측면에서 바라본 형상으로, 단지들이 두 눈과 코, 입을 표시하는 듯하다.

 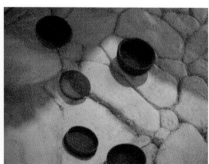

바닥에 깔린 돌들도 현재 상태 그대로 분석해 보면 단지가 두 눈을 이루고, 돌이 코, 입을 이룬 형상으로 보인다.

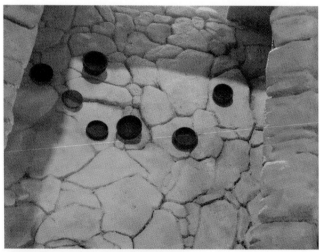

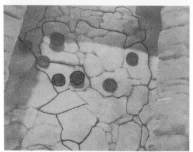

다음은 확정할 수 없는 형상임을 감안하며 보기로 하자.

무덤방 위에 비스듬하게 놓인 바위가 모자 형태다. 이 바위와 아래 벽 사이의 공간이 두 눈을 이루고, 벽 아래 입구처럼 사각형으로 뚫린 곳이 입을 표시하는 형상으로 볼 수 있다.

96돌방무덤이다.

한 공간에 여러 기의 소규모 옹관들이 배치돼 있다.

다른 방향에서 보면, 옹관 2기의 아랫부분 검은 색감의 부분을 밝은 색감이 둥글게 감싸고 있다. 이 부분이 눈을 표시하고, 앞쪽에 놓인 옹관의 테두리가 입을 이루어 형상을 표현하는 것으로 보인다.

4. 격자문 토기의 사람형상

나주 복암리고분관에 여러 기의 격자문 토기가 전시돼 있다.

다음 격자문 토기를 보자.

중간 위쪽과 중간 아랫부분에 격자문이 보인다. 유약이 흘러내렸는데, 이것은 자연유약이 아니며, 당시에 유약이 존재했음을 앞에서 설명했다.

유사한 형태를 가야토기에서 다수 볼 수 있었다. 이는 영산강 유역의 격자문 토기가 가야 지역과 밀접한 관련이 있는, 다시 말해 동일한 문화권이었음을 뒷받침하는 또 하나의 증거다.

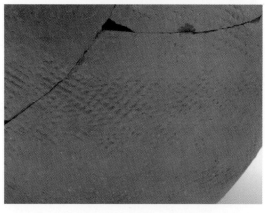

격자문 토기는 아니지만, 복암리고분관에 전시된 다음 토기를 보자.

균열된 선을 따라 색감이 다르다.

여러 박물관에서 유사한 토기를 볼 수 있다.

확정 지을 수는 없지만, 균열된 선들이 두 눈과 입을 이루는 형상을 나타내는 것으로 보인다.

나주박물관에 전시된 진도 오산리유적의 격자문 토기다.
균열된 선이 인물상을 나타낸다. 손잡이 부분이 귀처럼 보인다.

전남대학교 박물관의 나주 덕산리7·8호분 출토 격자문 토기다.
균열된 선이 인물상을 나타낸다.

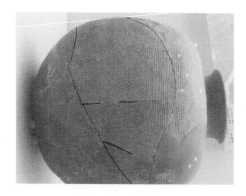

서울대학교 박물관의 시흥 오이도유적 출토 격자문 토기다.
균열된 선이 인물상을 표현한다.

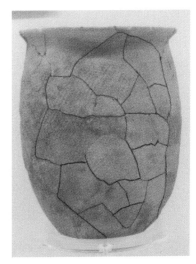

서울대학교 박물관의 서울 몽촌토성 출토 대형 격자문 항아리다.

균열선이 윤곽선을 이루며, 선의 일부가 미세하게 깨진 곳이 눈을 나타내는 인물상이다. 선을 경계로 색감도 달라 형상이 더 분명하게 드러난다.

진주박물관에 전시된 격자문이 새겨진 인물상이다.

격자문을 새길 당시 인물상에 대한 뚜렷한 관념을 지니고 있었음을 증언한다.

대형옹관과 토기에 격자무늬를 어떻게 시문했을까?

현재로선 알 수 없지만 앞에서도 언급했듯이, 격자문이 새겨진 거푸집에 진흙을 넣은 후 굳혀 제작했을 수 있다. 고인돌 표면에 입힌 물질이 굳으면 돌처럼 단단해지듯이, 진흙에 다른 물질을 첨가해 굳은 후에 단단해지게 한 것일 수 있다.

빗살무늬 토기나 민무늬 토기도 유사한 방법으로 제작하지 않았을까?

이들 토기는 가마를 활용해 높은 열에서 제작하는 도자기 전 단계로, 불에 직접 구워 제작한 것으로 규정한다. 그러나 빗살무늬 토기나 민무늬 토기를 불에 구워 제작하지 않고, 거푸집 등을 이용해 형태를 잡은 후 그대로 굳혀서 제작했을 수 있다.

토기에 나타나는 검은 색감을 불에 직접 굽는 과정에서 생긴 것으로 생각할 수 있으나, 화순 장항리고인돌 출토 민무늬 토기에 새겨진 가지무늬는 검은 색감이 불에 그을린 것이 아니며 색을 입힌 것임을 잘 보여 준다.

토기와 대형옹관의 제작 방법에 대한 전면적인 재조사가 필요해 보인다.

대형옹관과 토기의 유사성은 사용된 흙에 비짐이 혼합된 것에서도 찾아볼 수 있다.

대형옹관에 사용된 흙은 약 20% 가량의 석영과 장석의 비짐이 혼합된 특성이 있다고 한다(《YTN사이언스》, 〈영산강 대형옹관의 비밀〉).

그런데 매끄러운 겉면이 벗겨진 양산 소토리 출토 민무늬토기에도 비짐으로 보이는 작은 돌들이 노출돼 있다(김해박물관).

이외에 박물관에 함께 전시된 토기 중에도 작은 돌들이 섞여 있는 토기들이 보인다.

다만, 작은 돌이 보이지 않는 표면이 매끄러운 토기들 내부에도 비짐이 혼합돼 있는지는 알지 못하며, 이에 대한 조사가 필요해 보인다.

17장

고대 기계 문명의
증거

남미 푸마쿤푸, 이집트 등에 가늘고 길어서 드릴이 아니고는 뚫기 불가능해 보이는 구멍이 바위에 나타나 있다. 인위적 현상이 분명하지만 한곳에 고립되어 나타나거나, 그 수가 적어 더 이상 연구가 진행되지 않고 있다.

그러나 우리나라의 석재 유물은 종류와 수가 많아서 비교 분석이 가능하다. 지금까지 살펴봤듯이 기계 장치를 활용한 고대 문명이 있었음이 분명하다. 철기 시대 이전에 날카롭고 경도가 강한 금속이나 기계가 활용된 흔적을 여러 지역 유물에서 반복적으로 확인할 수 있었다.

고대에 기계 문명이 존재했음이 분명한데, 더 직접적 증거는 없을까?

1. 고흥 유둔리고인돌의 착암기 구멍

고인돌에 착암기 자국이 나타나고, 그것이 현대가 아닌 고대의 것으로 증명된다면 더 직접적 증거가 될 수 있을 것이다. 전작에서 화순 이십곡리고인돌에 나타난 착암기 자국이 생명형상을 이루는 기능을 해 고대의 것임을 설명했는데, 구멍이 하나뿐이어서인지 형성 시기가 고인돌 조성 당시인지 분별하기 어려웠다.

이후 고흥 유둔리고인돌군에서 다수의 착암기 자국이 새겨져 있음을 발견했다. 이들이 현대가 아닌 고대에 형성된 것인지를 판별해 보자.

고흥 유둔리고인돌의 안내판 내용이다.

"고인돌 무리 가운데에 초대형 선돌(입석) 1기가 있어 눈길을 끈다. 높이 3.8m, 너비 2m, 두께 0.6m의 선돌을 중심으로, 고인돌이 둥그렇게 에워싸듯 무리 지어 있다. 선돌이 고인돌을 만들 때 세워진 것인지 확실치 않지만, 하나의 거석문화로 공존하고 있는 점에서 주목된다."

유둔리고인돌군의 모습이다.

(1) 착암기 구멍

위 사진에 보이지 않는 고인돌도 여러 기 있는데, 이중에서 착암기 구멍이 나타난 다음 고인돌을 보자.

 고인돌에 하나의 착암기 구멍이 뚫려 있고, 구멍의 반 정도가 잘려 나갔다.

 현대에 와서 고인돌에 이처럼 착암기 자국을 남겼을까?

 바위를 자른 후에는 튕겨 나가므로 착암기로 위의 모습처럼 구멍의 절반만 뚫을 수 없을 것이다. 구멍을 뚫은 후 바위를 잘랐을 것인데, 착암기 구멍이 여럿이라면 이를 이용해 바위를 자를 수 있으나, 하나뿐이므로 착암기 구멍을 이용해 바위를 자른 것은 아니다.

 구멍을 뚫은 이후 구멍에 맞춰 잘랐을 것인데, 기계로 자른 것이 아니므로 쇠쐐기를 이용해 수작업으로 해야 한다. 그런데 그 흔적이 전혀 없어 쇠쐐기를 이용해 수작업으로 자른 것도 아니다. 따라서 현대에 행한 것으로 보기 어렵다.

 현대의 작품이 아니라면 고인돌 조성 당시와 현대 사이에는 가능하지 않았음이 자명하므로, 고인돌 조성 당시에 착암기를 이용해 구멍을 뚫고 구멍에 맞추어 자른 것이란 결론에 이른다.

이 착암기 구멍이 고인돌 조성 당시에 행해진 구체적 증거를 살펴보자.

착암기 구멍에 맞추어 날카롭게 바위를 잘랐는데, 이런 형태로 바위가 날카 롭게 잘린 것을 고인돌에서 자주 볼 수 있다. 이는 고인돌 조성 당시에 행한 것 이 자명하다.

착암기로 뚫은 구멍은 날의 강한 회전력으로 인해 구멍 표면이 매끄럽기 마련이다. 실제로 채석해 놓은 바위들에 남겨진 착암기 구멍 자국을 보면, 모두 구멍 표면이 매끈하다. 그런데 이 고인돌은 구멍 옆에서 시작된 선이 구멍 안쪽까지 이어지며 그어져 있다. 자연적으로 나타나기 어려우며, 인위적으로 새겼을 것으로 추정된다.

화순 이십곡리고인돌의 착암기 구멍도 표면이 세로로 길게 갈라져 있다. 이처럼 고인돌에 나타난 착암기 구멍 표면에 균열되거나 이어지는 선들은 착암기 구멍의 조성 시기를 알리는 목적으로 새겨진 듯하다.

바위구멍에 선이 그어져 조성 시기를 알 수 있는 것과 동일한 방식이다.

표면을 다듬어 형태를 나타내고, 그어진 선을 활용해 눈을 나타낸 인물상이다. 착암기 구멍이 생명형상을 조성하는 기능을 하므로 이는 고인돌 조성 당시에 생성되었음을 나타낸다.

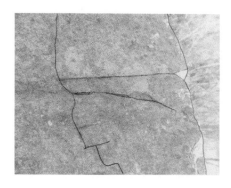

다음 고인돌의 착암기 구멍을 보자.

마찬가지로 구멍이 한 군데만 뚫려 있으며, 구멍에 맞추어 바위를 잘라냈으므로 구멍이 절반만 남아 있다.

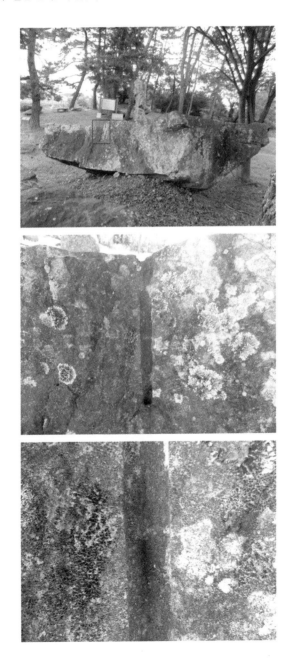

이 착암기 구멍이 옆의 홈과 함께 인물상의 눈을 나타낸다.

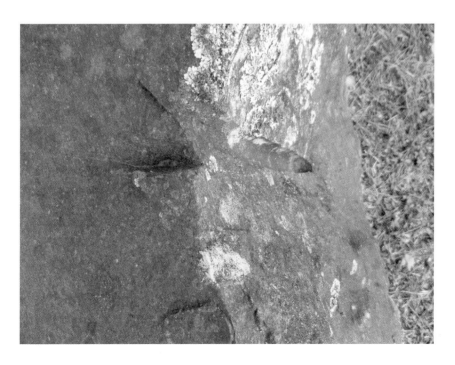

착암기 구멍이 입을 이루었다.

다음 고인돌에도 착암기 구멍이 파여 있다.

옆면이 반듯하게 잘려 있고, 윗면에 구멍이 절반쯤 남아 있다.

현대에는 착암기로 이처럼 바위 윗면에 절반 정도만 구멍을 뚫을 수 없을 것
이다. 착암기 날이 튕겨 나가므로 공장에서 기계 장치를 이용하지 않는 한 야외
에서는 불가능해 보인다. 현대에 한 것이 아니라면, 고인돌 조성 당시에 행한 것
으로 추정함이 타당하다.

착암기 구멍이 입을 표시하는 인물상이 뚜렷하다. 고인돌 조성 당시에 이처럼
바위를 다듬을 수 있었음은 앞에서 충분히 살펴봤다.

착암기 구멍이 고인돌 조성 당시의 것임을 생명형상이 입증한다.

위 착암기 구멍들은 눈에 쉽게 보이는 위치에 나타나 있는데, 근래에 뚫은 것이라 판단하고 지나쳤을 것이다. 그러나 고인돌 조성 당시에 생성되었음이 분명하며, 생명형상이 이를 증명한다.

위의 두 고인돌과 함께 가운데에 위치한 선돌에도 착암기 구멍이 새겨져 있다. 고인돌의 착암기 구멍들은 눈에 금방 띄었으나, 선돌에 나타난 착암기 구멍은 바위의 잘린 면을 세밀히 살펴보다 발견하였다.

먼저, 잘린 부분을 활용해 인물상을 표현하고 있음을 살펴보자.
갈라진 틈이 눈을 이룸과 동시에 머리카락을 구분하는 윤곽선을 이룬다. 선을 그어 입을 표시했다.

위 인물상의 반대쪽 면, 일자형 가로로 잘린 부분에 착암기 구멍이 보인다. 구멍 위아래에 보이는 원형의 물질은 간격을 측정해 이격이 커지는지를 관측하는 장치인 듯하다. 착암기 구멍은 당연히 근·현대에 착암기가 등장한 이후 파인 것으로 간주했을 것이다.

　지금까지 고인돌에서 발견된 착암기 구멍은 화순 이십곡리고인돌과 이곳 유둔리고인돌에서만 볼 수 있었다. 반면, 자연 암반에서는 유사하게 착암기 구멍이 한두 군데 뚫리고 구멍 절반 정도에 맞추어 바위가 잘린 것을 여러 곳 확인할 수 있었다. 그런데 이들 모두 잘라 낸 바위가 남아 있지 않아서, 잘라 낸 바위에 구멍 흔적이 남아 있는 경우는 발견하지 못했다.

　이 유둔리 선돌은 잘린 윗부분이 약간 밀려난 상태로 남아 있다. 혹시 하여 살펴보니 위쪽에도 착암기 구멍이 보인다. 잘린 부분 양쪽에 구멍이 절반씩 남아 있는 것이다.

　이는 고인돌과 자연 암반의 착암기로 뚫은 것으로 보이는 구멍 흔적들이 실제로 착암기 구멍이며, 구멍에 맞춰 바위가 잘렸음을 증명한다.

　착암기 구멍에 맞추어 바위를 자른 윗부분이 약간 밀려난 상태인데, 현대에 이처럼 행할 수 없음이 자명하다. 따라서 고인돌 조성 당시에 행했음이 명백하다.

　이에 대해 '현대에 착암기로 구멍을 뚫었는데, 이 구멍에 맞추어 자연적으로 바위가 갈라지고 약간 밀려난 상태로 유지되고 있다.'라고 판단할 수 있지 않을까? 전혀 불가능하지는 않겠으나, 그러려면 잘린 구멍의 주변 접촉면이 뜯긴 것처럼 보여야 하는데 그와 달리 매끈하다. 그리고 함께 배치된 하나뿐인 착암기 구멍에 맞추어 잘려 있는 고인돌들은 이 설명이 전혀 들어맞지 않는다.

하나의 착암기 구멍에 정확히 맞춰 바위가 저절로 잘릴 리 없으므로 잘라 낸 것이 분명하다. 고인돌 조성 당시에 바위를 자유자재로 자를 수 있었음을 이미 여러 곳에서 살펴보았다.

구멍을 따라 자른 이곳의 고인돌들은 역으로 이를 입증하고 있다.

선돌의 잘린 바위 윗부분이 약간 밀려나 있으며, 잘린 부분이 'ㄱ' 자형이다. 반대 면은 일자형이었다.

한 면은 일자형인데 반대쪽은 'ㄱ' 자형이어서, 단순하게 일자로 자른 것이 아님을 알 수 있다. 현대의 기계 장치로 자른 것과도 다른데, 어떻게 가능했는지 현재로선 밝혀내기 어려울 듯하다.

(2) 유둔리고인돌의 사람형상

다른 방향에서 바라본 것으로, 사람이 서 있는 듯한 모습이다.

위쪽에 나타난 형상이다.

두 곳의 색감으로 눈을 표시하고, 홈의 선을 그어 입을 나타낸 인물상이다.

평행을 이루는 수직의 두 선과 가로로 그어진 선이 나타나 있다.
표면을 다듬어 세운 선돌이므로 인위적으로 그었음이 분명하다.

함께 배치돼 있는 주변의 고인돌을 살펴보자.

하나의 작은 돌이 고이고 있어 해학적인 느낌을 주는 고인돌이다.

윗면에 다양한 방식의 형상이 새겨져 있다.

선이 그어져 형상을 그린다.

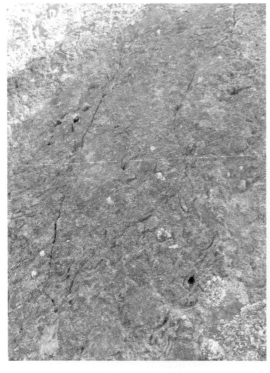

표면을 다듬어 형태를 나타내고, 바위구멍이 눈을 표시한다.

고인돌 윗면이 아닌 옆면에 바위구멍이 새겨진 드문 경우다.
표면을 다듬어 형태를 나타냈고, 바위구멍은 눈을 이루었다.

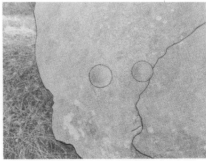

(3) 고인돌의 실용적 기능

축대를 이루고 있는 작은 바위들도 고인돌일까?

　고구려 장군총의 호석처럼 놓인 고인돌과 축대를 이룬 고인돌은 고인돌이 실
용적인 목적으로 활용되고 있음을 잘 보여 준다. 여기에서는 선돌과 고인돌이
위치한 지형이 무너지지 않도록 축대의 기능을 하고 있다.

(4) 고인돌과 도자기

고인돌의 착암기 구멍은 고인돌 조성 당시 기계 문명이 발달했음을 증언한다. 기계 문명은 철의 사용이 전제되는데, 철은 1,300도 이상의 고열에서 추출할 수 있다. 철이 사용되었다면 1,300도의 온도에서 굽는 도자기도 사용되었을 가능성이 크다.

윗면에 착암기 구멍이 나타난 다음의 유둔리고인돌 주변에 도자기 등의 조각이 다수 모여 있다. 밭 옆에 있어 생활 자기 등이 후대에 버려질 수 있지만, 종류가 다양하고, 함께 있는 여러 고인돌 중 한 고인돌 주변에만 나타나므로 발굴 조사가 필요해 보인다.

유사한 형태를 고창고인돌공원에서도 볼 수 있다.

고창고인돌공원에 450여 기의 고인돌이 있고, 그중 여러 기를 발굴 조사했지만, 유물이 출토되지 않았다고 한다.

그런데 주변에 도자기나 옹기의 조각이 다수 나타난 고인돌이 있어 조사와 발굴이 필요해 보인다.

태안 고남패총박물관에 옮겨진 태안 시목리고인돌을 보자.

윗면에 반듯한 선이 그어져 있다. 뚜렷하지는 않으나 이 선이 뒤쪽 윤곽선을 이루고, 선을 그어 입을 표시한 인물상이 나타나 있다.

안내판의 내용이다.

"시목리고인돌은 주변에서 사기그릇 파편 등이 발견되어 고인돌 여부가 불분명하지만…"

고인돌 조성 당시에 도자기나 사기가 제작되었을 가능성이 있으므로 발견된 사기 그릇 파편은 고인돌 조성 당시의 것일 수 있다. 이에 대한 재조사가 필요하다.

이처럼 다른 고인돌에서도 도자기나 사기 조각이 발견된 경우, 후대에 우연하게 휩쓸려 들어간 것으로 판단해 무조건 배제한 곳이 있을 수 있다. 이들에 대한 재조사도 필요해 보인다.

이천 지석리고인돌의 'x'가 새겨진 백자 조각이 이에 해당한다.

강화군청에 의하면 강화 오상리고인돌에서도 통상의 청동기 시대 유물 외에 구석기부터 빗살무늬 토기, 분청사기, 백자에 이르기까지 다양한 시기의 유물이 출토되었다고 한다. 이는 고인돌 조성 당시에 도자기가 사용되었음을 나타냄과 동시에 유물들이 의도적으로 저장되었음을 암시한다.

도자기의 사용이 확인된다면 고인돌 조성 당시 문명이 발달했으며, 낮은 수준의 문명을 상징하는 빗살무늬 토기나 민무늬 토기를 의도적으로 조성해 놓았음이 증명된다.

2. 울주 천전리 공룡발자국화석지

고인돌과 출토유물에 생명형상을 새겼을 당시에 기계 문명이 발달한 것이 분명한데, 기계류를 활용해 자연 바위에도 생명형상을 새기지 않았을까? 이미 전작에서 밝혔듯이 자연 바위에도 많은 생명형상이 새겨져 있다. 이들 바위에 새겨진 형상들은 생명형상을 보려는 눈으로 보지 않으면 알아보기 어렵고 뚜렷하게 느껴지지 않는다. 따라서 생명형상의 분석만으로는 형상이 새겨져 있음을 증명하기 어려운 듯했다. 그러나 고인돌과 유물에 새겨진 다양한 형상의 분석을 통해 바위와 돌에 생명형상을 새기고 있음이 증명되었으므로 자연 바위에도 생명형상이 새겨져 있음이 차츰 명백해질 것으로 판단된다.

울주 천전리 공룡발자국화석지는 천전리각석 맞은편 대곡천 건너에 있다. 필자는 전작에서 이곳의 공룡발자국화석으로 규정된 것이 화석이 아니며, 천전리각석을 새긴 주체에 의해 새겨진 인공물일 것으로 추정했다. 화석지 전체가 자연적으로 형성되기보다 사람에 의해 전면적으로 다듬어진 것으로 판단되기 때문이다. 당시에 기계 문명이 발달했다는 관점, 즉 원시적 문명이 아니었으며 특히 고인돌과 출토유물에서 보이듯이 돌을 다루는 데는 최고의 첨단 기술에 이르렀음을 반영하여 이전에 다루지 않은 것을 위주로 천전리 공룡발자국화석지를 다시 살펴보기로 하자.

먼저, 천전리각석을 보자. 옆면과 암각화가 새겨진 면의 색감이 확연하게 다른데, 동일 바위의 겉과 속의 색이 이처럼 다를 리 없다. 암각화를 새기기 적합하게 표면을 입혀 변화시킨 것으로 추정된다.

형태를 다듬고 선으로 윤곽선을 나타낸 인물상이다. 암각화가 두 눈과 입을
표시한다. 천전리각석이 생명형상과 관련 있음이 잘 나타난다.

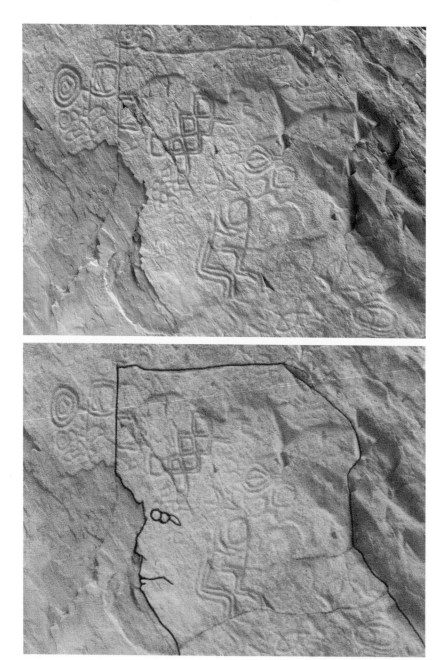

각석의 옆 바위에 물감이 물든 듯한 모습이다. 바위 자체의 색감이 변한 것도
섞여 있어 실체에 대한 조사가 필요해 보인다.

이처럼 같은 각도로 잘린 두 바위가 자연적으로 나란히 서 있을 가능성은 희박하다. 표면에 인물상이 새겨져 있다. 고인돌과 유사함을 알 수 있다.

화석지 전체의 모습이다.

물에 의해 깎여 형성되었다고 하는데, 선들이 물에 의해 평행을 이루며 그어질 리 만무하다.

이전에 방문할 때, 흙에 덮여 있던 곳을 누군가 치워 놓았다. 꽤 많은 양으로, 덕분에 반듯한 선이 선명하게 드러났다. 선이 시작되는 부분은 인위적으로 긋지 않고서는 선이 시작될 하등의 이유가 없다. 선을 따라 바위가 반듯하게 잘려 있는데, 고인돌에서 많이 볼 수 있는 현상이므로 이는 고인돌을 조성한 주체에 의해 형성되었음을 시사한다.

전체적으로 평행을 이루며 길게 이루어진 선들이 나타난 곳에 다른 방향의 두 선이 한곳에서 만나고 있다.

많은 선이 얕게 그어져 있다. 물의 마모 작용에 의한 것이라면 오히려 있던 선도 지워지는 것이 맞다.

밑면보다 높은 바위 위쪽에만 공룡 발자국이 새겨져 있고, 그 바위들이 잘려 나간 듯한 모습이 자연적으로 형성되었다고 보기 어렵다. 바닥에 삼각형을 이루며 여러 선이 그어져 있고, 그 선과 만나는 곳에 공룡 발자국이 새겨진 바위가 놓여 있다.

공룡발자국화석이 만들어지는 과정은 다음과 같이 설명된다.

"먼저 점토에 공룡 발자국이 찍힌 이후 그대로 단단하게 굳는다. 이렇게 굳어 암석이 된 곳
에 흙이 덮히고 쌓여 함께 암석이 된다. 오랜 시간이 흘러 위에 쌓인 암석이 물이나 풍화에 의
해 깎여 공룡 발자국이 드러난다."

공룡발자국화석의 형성 자체가 설득력이 없어 보인다. 비가 내리지 않는 곳에
서는 공룡이 살 수 없기 때문이다. 비가 내리면 노출돼 있는 점토에 찍힌 공룡
발자국은 당연히 지워진다.

천전리 공룡발자국화석지로 알려진 곳 전체가 인위적으로 다듬어져 조성되
었으며, 공룡 발자국으로 알려진 홈 또한 이때 함께 새긴 것으로 해석하는 것이
타당하다. 공룡에 대한 지식을 지니고, 이를 공룡발자국화석으로 해석할 수 있
을 때를 기다리며 조성해 놓은 것은 아닐까 추정된다.

이런 관점으로 공룡발자국을 살펴보자.

앞의 바위 윗면에 나타난 공룡 발자국을 보자.

다른 발자국이 깊게 파인 반면, 두 곳은 주변만 둥글게 파였을 뿐 전체적으로 파이지 않았다. 이는 공룡 발자국으로 보기 어렵다.

바위를 자른 후 형태를 다듬어 윤곽을 나타내고, 파이지 않은 두 홈이 눈을 표시하는 인물상으로 보인다.

공룡 발자국이 나타난 바위가 분리되어 있고, 반듯한 직선이 공룡 발자국을 지나고 있다. 점토에 공룡 발자국이 찍힐 당시에 선이 생길 리 없으므로, 인위적으로 긋지 않고서는 이렇게 길게 이어지는 반듯한 선들이 나타날 요인이 없다. 고인돌 조성 당시, 바위에 선을 그었음을 고려하면 인위적 현상으로 보는 것이 타당하다.

발자국이 파이지 않고 돌출돼 있다. 게다가 같은 점토가 굳어 형성된 암석이 발자국만 주변과 색이 다를 이유도 없다.

공룡 발자국이 사각형의 바위에 나타나 있다. 우측 옆쪽은 색감이 다르며, 공룡 발자국이 나타난 곳과 반듯한 경계를 이루며 분리되어 있다. 처음 공룡 발자국이 찍힐 때, 동일한 점토 지대였을 것임을 고려하면 자연적 현상으로 보기 어렵다.

고인돌 조성 당시에 바위를 반듯하게 다듬을 수 있었던 것은 고인돌과 고인돌 바위를 채석한 후 채석장 암반을 반듯하게 다듬어 놓은 화순 고인돌 채석장에서도 알 수 있다.

자연 현상과 분명하게 구별되는 바위의 인위적 현상을 구분하지 못했던 것은 과거엔 인류의 문명이 발달하지 않아 바위를 대상으로 가공하는 등의 행위를 하지 못했을 것으로 규정했기 때문일 것이다.

고인돌이 현존함에도 이렇게 규정하는 것은 모순이다. 고인돌의 조성 과정 자체를 잘못 이해한 결과로 판단된다.

같은 암석의 바위에 공룡 발자국 부위만 색이 다른 이유는 무엇일까? 고인돌 조성 당시, 바위에 색을 입히고 있음을 고인돌에서 확인하였다. 깊이 또한 아주 얕고 색만 다른데, 이를 공룡발자국화석이라고 보기는 어렵다.

청색의 공룡 발자국 홈 안에 흰색의 물질이 보인다.

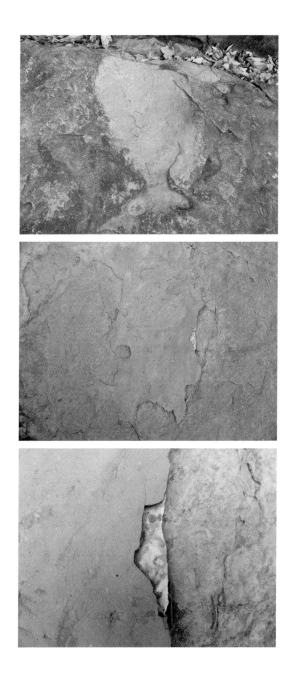

다음도 마찬가지다. 여러 발자국 홈 중에서 두 군데에서만 발견했는데, 성분은 알 수 없으나 인위적으로 조성해 놓았을 가능성이 크다.

바위가 깨진 곳에 인공 물질이 보인다. 작아서 세밀히 살피지 않고서는 알아
보기 어렵다. 잘 보이지도 않는 것을 분명한 의도를 지니지 않고서는 행할 이유
가 없다. 고인돌 조성 당시 기술 문명이 발달했음을 감안하면 당시의 의도적인
산물일 가능성이 커 보인다.

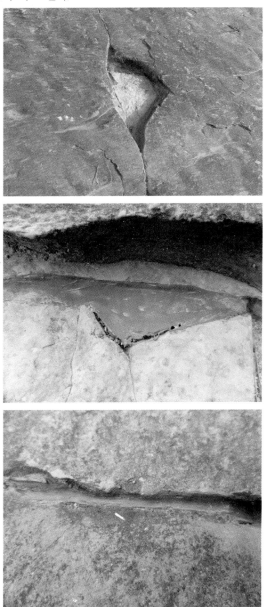

바위가 층을 이루며 날카롭게 잘려 있는데, 윗면과 아랫면이 동일한 형태이며 잘린 면의 색감이 다르다. 자연적 현상으로 보기 어렵다. 고인돌처럼 표면이 얇게 입혀진 것은 아닐까?

물의 유연성을 감안하면 물에 의해 바위가 각지게 형성될 수 없다, 이토록 반듯한 바위를 인공물이 아닌 자연물이라 해석하려면 그 형성 근거를 제시해야 할 것이다.

선이 그림을 그린다. 선이 우연한 균열이 아님을 나타낸다.

덩치가 작은 공룡의 발자국이라고 규정할 것인데, 형태가 고인돌의 바위구멍
과 흡사하다. 이 홈이 눈을 이룬 인물상이다.

3. 순창 요강바위

전작에서 순창 내룡마을 앞 섬진강 지류에 위치한 요강바위와 주변을 살펴봤는데, 공중에서 본 모습이 방영되었다.

돌개구멍으로 설명되는 큰 구멍 네 개가 보인다.

이 구멍들이 자연적으로 형성된 돌개구멍이 맞을까?

지질학에서 돌개구멍은 "물의 흐름과 자갈의 마모 작용으로 형성된다."라고 한다. 흐르는 물과 자갈이 회전하며 바위를 깎아 형성된다고 설명하는 것이다. 그러나 요강바위의 구멍은 이 설명과 맞지 않아 보인다. 요강바위의 구멍은 너무 깊어 물의 흐름이 자갈을 움직일 수 없다.

고인돌에 다양한 형태와 크기의 바위구멍이 새겨져 있음을 고려하면 사람에 의해 형성된 것으로 해석된다.

울주 천전리 공룡발자국화석지에서 보았듯이 자연 암반도 사람에 의해 다듬어졌고, 여기에는 생명형상이 새겨져 있다.

유사하게 순창 요강바위의 큰 구멍과 주변의 구멍들도 사람형상을 나타내고 있는 듯하다. 큰 구멍들이 나타내는 뚜렷한 인물상은 자연 암반도 사람에 의해 다듬어진 부분이 있음을 증명한다.

앞의 부분을 다른 방향에서 보면 정확한 형상은 아니나 구멍이 형상의 두 눈을 나타내는 듯하다. 좌측이 요강바위 구멍이다.

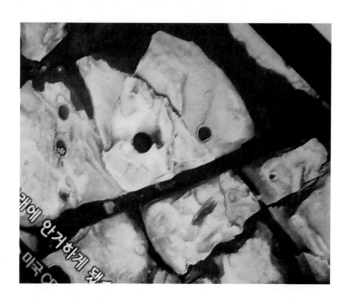

두 구멍의 형태가 다르다.
테두리가 있는 우측 구멍이 자연적으로 형성되지 않았음은 자명하다.

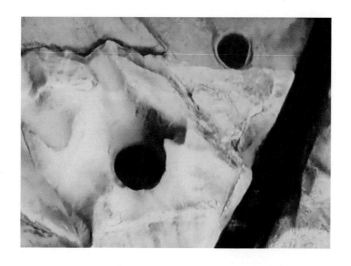

다음 인물상은 인위적으로 조성했음이 명백하다.

4. 고인돌 후대의 유물

고인돌 후대의 유물 중 생명형상이 뚜렷한 몇 가지 유물을 살펴보자. 제작에 고도의 사고력과 기술력이 필요해 고대 기계 문명의 전통을 잇고 있거나, 또는 제작 시기가 알려진 것과 달리 고인돌 조성 시기와 같을 것으로 추정된다.

경주 천마총에서 출토된 천마도에 인물상이 새겨져 있는 듯하다.

(사진: 경향신문, "[도재기의 천년향기](21) 신라의 '천마도'-하나밖에 못 봤다고요? 웬걸, 여섯 점이나 나왔다던데요", 2019.2.8.)

천마도는 총 여섯 점이 출토되었다고 한다.

천마도에 대한 세밀한 조사에도 불구하고 사람형상을 발견하지 못한 것은 유물 자체의 연구만으로는 알아보기 어렵기 때문이다.

그러나 생명형상의 시각으로 보면 간단히 눈에 들어온다.

다음 천마도에도 사람상이 새겨져 있다.

'천마총'은 왕릉임이 확인되지 않아 '총'이 되었으며, 무려 11,500여 점의 유물이 나왔다고 한다(경향신문, "신라의 '천마도'-하나밖에 못 봤다고요? 웬걸, 여섯 점이나 나왔다던데요", 2019.2.8). 왕의 무덤이 아닌데도 이처럼 많은 유물이 매장된 이유는 무엇일까?

천마총은 신라 시대의 무덤이 아닐 수도 있다. 그 이전 시기에 조성되었을 수도 있다는 것이다. 이는 다른 더 큰 봉분을 가진 무덤들도 동일하며, 애초에 무덤이 아닐 수도 있다. 나주 복암리3호분처럼 기획하에 조성해 놓았을 가능성이 커 보인다.

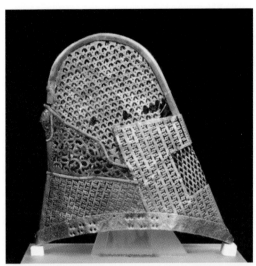

천마총 출토 관모는 윗부분이 얼굴 형태다.

자연적으로 떨어져 나간 것으로 보기 어려운 구멍이 눈을 이룬다.

입 주변의 무늬 형태가 주변과 다른 것은 입을 표현하기 위함으로 보인다.

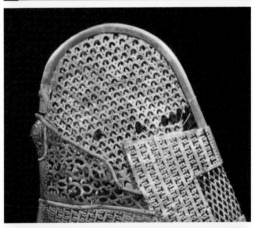

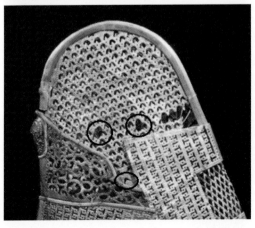

북한의 금동장식이라고 한다.

일부가 떨어져 나갔는데, 자연적인 현상이 아니라 인물상을 나타내기 위한 조치로 해석된다.

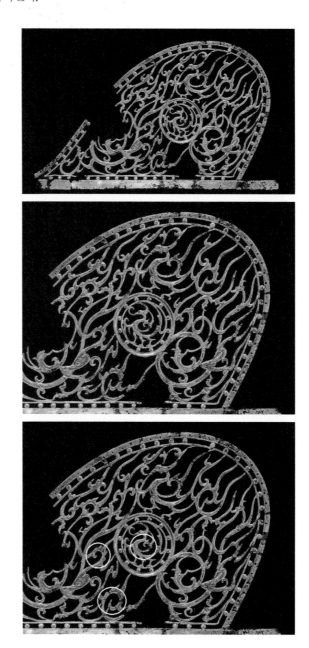

함안 말이산13호분 개석에 성혈이 새겨져 별자리를 나타내는 유물을 보자.

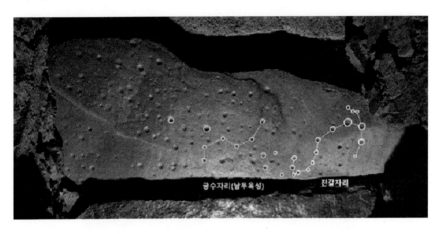

말이산13호분에 대한 소개 글이다.

"2017년 봉분 중앙에 대대적인 싱크홀 현상이 생기면서 발굴조사가 시작되었다.
발굴 조사에서 특히 관심을 끈 것은 125개의 성혈(알구멍)이다. 무덤 주인의 시신이 안치된
공간 위쪽 천장에 새겨진 별자리다. 일반적으로 성혈은 청동기 시대 암각화에서 발견된다.
고분의 개석(뚜껑돌) 윗면에서 드물게 확인되는데, 무덤 방 안에서 확인된 것은 이번이 처음
이다."

　　　- "다시 주목 받는 경남 함안 말이산고분 '무덤 속에 새겨진 별자리로 보아 왕릉 분명'",

월간조선, 2019.5.3.

바위구멍(성혈)에 대해 앞에서 살펴보았는데, "일반적으로 암각화에서 발견된
다."라는 해설은 맞지 않음을 감안하면서 보기로 하자.

고인돌 윗면에 성혈이 나타나며, 청원 문의아득이고인돌에서는 성혈이 새겨져
별자리를 나타내는 돌판 천문도가 발굴되었다. 따라서 말이산고분 뚜껑돌 안쪽
에 성혈이 새겨져 있는 것은 말이산고분이 고인돌과 밀접한 관련이 있음을 나타
낸다. 말이산고분이 가야 시대의 무덤이 아니며, 더 이전의 시대의 유적일 가능
성이 커 보인다.

우측 부분에 별자리가 나타나는데, 더 넓은 좌측 부분에는 별자리가 없다.

좌측 부분을 다듬어 형태를 나타내고, 바위구멍이 눈을 이루는 인물상이 뚜렷하다. 선으로 입을 표시했다.

앞에서 살펴본 북한 고인돌처럼 별자리와 생명형상이 함께 나타나 있다.

고인돌의 표현법과 같아서 말이산 고분이 고인돌을 조성한 주체와 관련이 있음을 알 수 있다.

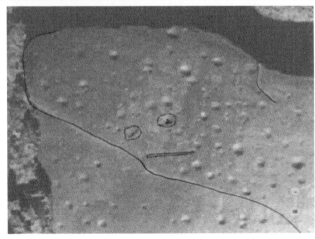

위 형상을 우측으로 돌리면, 바위구멍이 두 눈과 입을 표시하는 인물상이다.

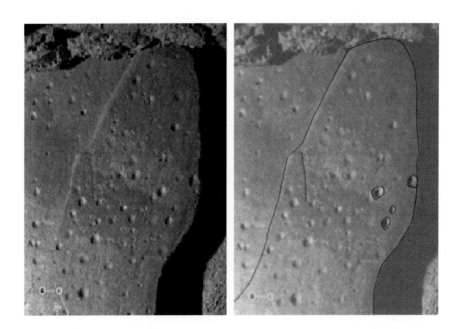

말이산고분이 경주 천마총과 유사하게 가야 시대 이전에 조성되었을 가능성이 크다. 별자리와 형상을 동시에 나타냄은 고인돌과 다르지 않아서 말이산고분이 고인돌과 밀접한 관련이 있음을 입증한다.

이는 말이산고분의 유물 또한 고인돌과 관련이 있음을 의미한다.
밀접한 관련이 있는 고인돌과 고분의 유물이 완전히 구별되어 매장된 것은 고인돌과 고분의 유물들을 의도적으로 저장했음을 분명히 드러낸다.
말이산고분과 유사한 유물이 발굴되는 다른 유적들 또한 고인돌과 밀접한 관련이 있어 보이므로 이에 대한 연구가 필요해 보인다.

글을 마칠 무렵, 경산 소월리에서 출토된 목간과 토기에 대한 기사가 났다.

"출토된 유적 자체가 흥미로운 수수께끼다. (중략) 이 소월리 목간은 1m 80㎝ 깊이로 정성껏 구덩이를 판 뒤 다시 펄 흙을 1m 50㎝ 높이로 가득 채워 넣고, 그 위에 사람얼굴토기와 함께 묻어 놓았다. 소월리 목간과 인면토기는 1500년 전 신라인들이 새해를 맞아 문화재 학계에 보낸 타임캡슐이 아닐까."

– "1500여년 전 신라인들이 미래로 보낸 '타임캡슐'일까", 한겨레, 2020.1.22.

소월리의 유물이 보전되도록 펄 속에 매장하고, 나중에 드러나도록 조치를 해 놓은 것으로 짐작할 수 있다. 앞에서 보았듯이 고대 유물과 유적지에서도 유사한 현상을 볼 수 있었다. 특히 신석기 시대 배가 발견된 창녕 비봉리 조개더미유적은 7m의 퇴적층이 쌓여 있어 배가 보존될 수 있었다. 목재를 보존하고 있었다는 점에서 양자는 거의 동일하다. 모두 우연이 아니며, 타임캡슐이 비유가 아닐지도 모른다. 실제로 의도적으로 조성해 놓은 것으로 추정된다.

함께 출토된 사람얼굴토기에 격자문과 유사한 무늬가 나타나 있다. 사진상 정확하지는 않으나 받침대 토기에 격자문이 새겨져 있는 것으로 보이기도 해 이는 격자문 토기와 유사한 토기로 볼 수 있다. 앞에서 격자문 토기가 가지는 의미에 대해 살펴봤는데, 사람얼굴토기도 그 전통을 잇고 있는 것일 수 있다.

이는 6~7세기 것으로 추정되는 목간과 얼굴토기가 더 이전의 것일 수 있음을 시사하는데, 추후 방사성 탄소 연대 측정을 해 보면 시기가 드러날 것으로 생각된다. 싸리더미가 함께 매몰돼 있는데, 목간의 훼손 없이 연대 측정을 하는 용도에 적합해 보인다.

얼굴모양토기에는 세 면에 돌아가며 인물상이 표현돼 있는데, 이런 형식의 토기는 처음 발견된 것이라고 한다.

그런데 인물상이 이중으로 얼굴을 표현하는 것으로 보여 주목된다.

　　다음 인면상의 코 구멍을 나타내는 두 구멍은 눈으로도 볼 수 있다. 이 경우, 큰 형상의 눈을 나타내는 두 구멍은 눈썹의 표현으로 보거나 무시하면 된다. 이중으로 중첩해 형상을 표현하고 있는 것으로 해석할 수 있는데, 이는 고대 형상 표현법의 맥을 잇고 있는 것이다.

함평 금산리 고분에서도 얼굴모양토기가 출토되었다.

"전남문화재연구소 소장은 국내에서 인물식륜이 나오기는 처음으로 눈을 나타내기 위해 구멍을 평행하게 뚫었고, 가운데에 코 부위가 있었다고 추정되나 결실됐다고 설명했다."

- "함평 고분서 얼굴모양 추정 토기 발견", 광주매일신문, 2018.12.26.

사진을 보니 전체로 인물상을 나타내기도 하나 형태가 뚜렷하지 않은 반면, 균열된 선이 윤곽선을 나타내 뚜렷한 인물상을 이루고 있다. 선을 그어 입을 표시했다. 지금까지 살펴본 토기의 인물상 표현법과 같다.

균열된 선을 이용해 형상을 표현하는 기법은 앞에서 살펴본 빗살무늬 토기나 민무늬 토기 등에 표현된 형상이 사실임을 직접적으로 증명하고 있다.

이처럼 경산 소월리나 함평고분에서 출토된 사람형상토기가 고대 토기의 맥을 잇고 있다. 고대 전통의 맥이 이어진 것인지, 아니면 조성 시기가 더 오래된 것인지 궁금하다. 이에 대한 연구가 필요해 보인다.

5. 문자의 사람형상

서울 아차산 보루에서 출토된 고구려 시대 접시를 보자(서울대학교 박물관 소장
품 도록). 접시의 윗면과 밑면에 한자가 새겨진 두 접시가 있다.

'후부도ㅁ형(後部都ㅁ兄)'이
윗면에 새겨져 있다.

'지도형(支都兄)'이 밑면에
새겨져 있다.

글자가 새겨진 부분이다.

설명문의 내용이다.

"접시에 새겨진 명문의 경우에는 그릇이 제작될 당시에 장인이 새긴 것으로, 그릇을 사용할 사람의 출신지 및 이름 또는 관직명을 새긴 것으로 생각된다."

그런데 밑면에 새겨진 글자는 윗면에 새겨진 글자와 달리 얕게 새겨져 알아보기가 어렵다. 이처럼 알아보기도 힘든 뚜렷하지 않은 글자를 왜 새겼을까?

윗면에 뚜렷하게 새겨진 글자가 없다면 글자가 새겨져 있음을 확증하기 어려웠을 수도 있

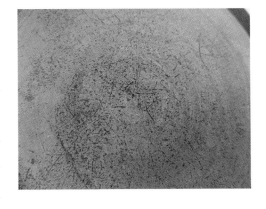

다. 사용 과정에서 긁혀서 생긴 선처럼 보일 수도 있는 것이다. 그러나 '지(支)'가 뚜렷하게 새겨져 있어 글이 새겨져 있음은 명백하다.

그렇다면 글이 아닌 무수하게 나타난 선들은 사용 과정에서 긁혀서 자연적으로 생성된 것일까?

세밀히 살펴보면 한자 '지도(支都)'의 획에는 이런 선들이 교차하지 않는다. 이는 긁힌 듯한 선들이 자연적인 것이 아닌 인위적으로 새겨진 선임을 증명한다. 사용 중에 긁혀 무수하게 새겨지는 과정에서 글자를 빗겨 감은 이치에 맞지 않는다.

혹시 글들이 나중에 새겨진 것은 아닐까? 그러나 이 경우에도 선들이 교차하지 않을 수는 없다. 글이 새겨질 부분만 남겨 두고 긁힌 선들이 나타날 수는 없기 때문이다. 긁힌 듯한 선들 또한 인위적으로 새겼음이 증명된다. 뚜렷한 글자와 긁힌 듯한 무수한 선을 함께 새긴 것만으로도 단순한 일이 아님이 짐작된다.

결론부터 말하면 한자와 선들은 사람형상을 나타내고 있다.

특히 '도(都)' 자가 중요한 기능을 한다. 윗면에 쓰인 '도(都)' 자가 정자인데 반해 밑면의 '도(都)' 자는 정자가 아니어서 '도(都)' 자인 것이 뚜렷하지 않은데, 전면의 '도(都)' 자와 형태적으로 유사해 '도(都)' 자로 해석하도록 유도해 놓은 듯하다.

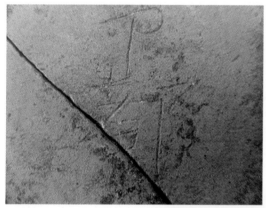

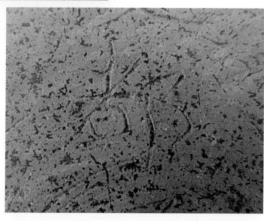

'도(都)' 자가 두 눈을 나타낸다.

선이 코와 입, 인물상 외곽의 윤곽선을 나타낸다.

윗머리와 뒷머리를 나타내는 긴 선은 그 자체로 인위적인 선임을 증명한다.

한자가 인물상을 표현하는 기능을 하는 것이 명백히 증명된다.

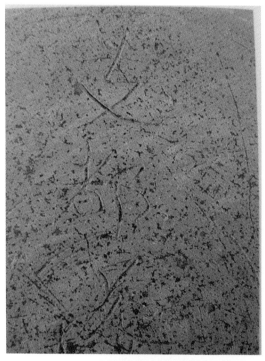

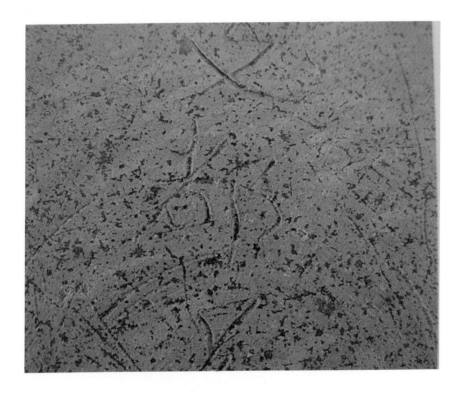

다음은 확정하기 어려우나 위 형상을 포함하고 중첩해 있는 형상이다.
이외에도 여러 인물상이 표현돼 있는 듯하나 뚜렷하지 않으므로 생략한다.

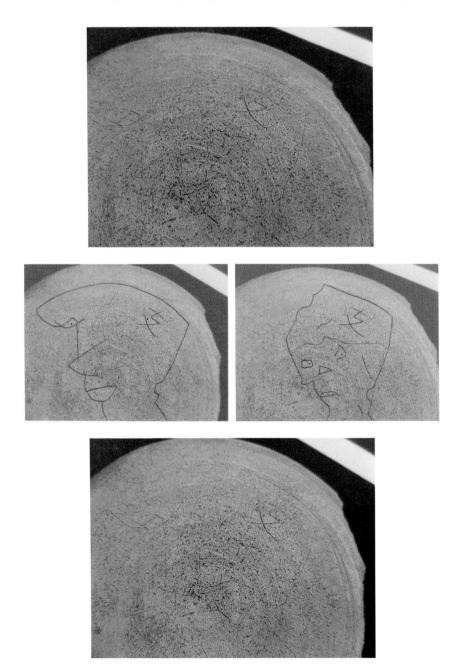

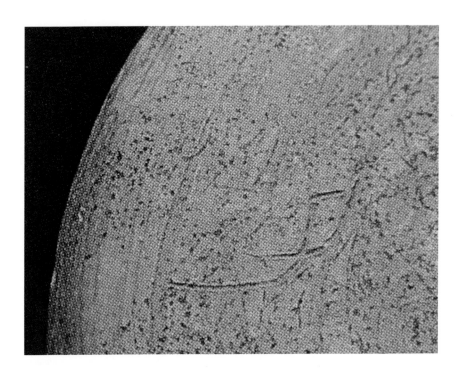

한자가 생명형상을 표현하는 기능을 하는 것이 명백히 드러났다.

그런데 전작에서 살펴보았듯이 유사한 현상을 울산 천전리각석에서도 볼 수 있다. 각석 하단에 새겨진 한자가 생명형상을 표현하고 있는 것이다.

아차산의 유물이 천전리각석과 관련이 있음은 다음 토기에 새겨진 한자를 통해서도 알 수 있다.

국립중앙박물관에 전시된 서울 풍납토성 출토 격자문 토기다.

안내판의 내용이다.

"풍납토성에서는 '대부(大夫)'가 새겨진 항아리와 '정(井)'이 새겨진 항아리가 출토되었는데, 고구려 아차산 보루에 출토된 '대부정(大夫井)'이 새겨진 토기와 관련이 있음을 알 수 있다."

격자문이 균열선을 따라 새겨져 있어 짜깁기한 듯하다.

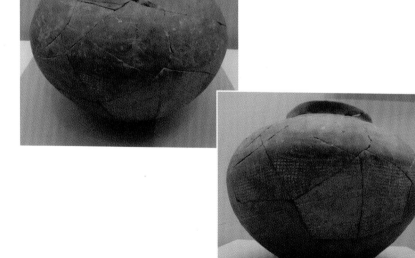

한자가 적혀 있다. 그런데 '대(大)' 자의 우측 아래 획이 길게 이어져 있다.

동일한 현상을 천전리각석 하단에 새겨진 '천(天)' 자에서도 볼 수 있다.

서울 아차산·풍납토성의 유물과 울산 천전리각석이 동일 주체에 의해 조성된 듯하다. 이는 아차산의 유물이 고구려 시대가 아닌 암각화 조성 당시의 것임을 시사한다. 유적지가 산 정상 부위에 있으니 보루라 판단한 듯한데, 그보다 여러 유적지처럼 유물을 저장해 놓은 장소로 보인다.

유물에 생명형상이 새겨져 있음을 알리려는 의도로 조치를 취해 놓은 것으로 해석된다.

최종적으로 문자를 통해서까지 생명형상을 새겨 놓아야 생명형상의 존재가 명확이 드러날 것으로 판단하고 적절한 조치를 취해 놓은 것으로 생각된다.

격자문 토기가 가지는 의의에 대해서는 앞에서 살펴보았는데, 암각화와 고인돌, 고대 유물들이 모두 동일한 주체에 의해 일관된 원칙하에 조성되었음이 명확해졌다.

2부 글을 마치며

고인돌의 생명형상이 아무리 뚜렷해도 인위적 현상임을 완전하게 인정하지 않을 가능성이 있다. 바위구멍이 눈과 코, 입을 표시해 형상을 표현함이 인정된다 하더라도 바위구멍에 한해서만 공인받을 가능성이 있다.

형태를 다듬어 형상을 나타내는 것 등은 인정하지 않을 가능성이 있는 것이다.

석재 유물은 직접적으로 돌의 형태를 다듬어 제작하므로 이곳에 형상이 새겨져 있다면 고인돌에도 유사한 행위가 가능함이 입증된다. 석재 유물 표면에 다른 물질을 입혀 형상을 표현하고 있는 것이 밝혀진다면, 이는 고인돌의 표면을 입히고 있음을 증명한다.

붙여 놓은 돌 등 제작 방법을 이해할 수 없는 유물에 대해 큰 의문이 제기되어야 할 것인데 그렇지 않은 이유는 무엇일까? 바위와 암반에 나타난 형태가 물리적으로 형성되기 어려운데도 '자연의 신비'라고 하며 더 이상 연구하지 않는 것과 유사한 현상인 듯하다.

* * *

동영상 사이트에서 이덕일의 가야 전시에 관련된 영상을 보고 검색해 보았다 (유튜브 채널 '이덕일 역사 TV', "문재인 대통령 국정 지시로 가야 유물 전시회는 일본 극우파 주장인 일본서기 연표와 설명으로 기습적으로 전시, 가야 건국과 관련된 유물 교체 자행한 한겨레신문").

국립중앙박물관에서 열린 전시회로, 필자도 방문해 유물 사진을 책에 실었다. 필자는 유물에 형상이 새겨져 있음을 확인한 후, 유물의 실체에 대해 새롭게 연구해야 할 것으로 판단했다. 따라서 게시된 해설문에는 별 관심을 두지 않았다.

그런데 가야 연표 등을 설명하며 인용한 서적의 제목이 "사기", "유사", "서기"라고 되어 있다고 한다. 여기에서 사기와 유사는 삼국사기와 삼국유사이며, 서기는 일본서기를 줄인 것이다. 일반 관람객들이 일본서기임을 알아보기 어렵게 하기 위해 이처럼 표기했다고 이덕일은 주장한다. 그러면 출처에 기술된 내용을 인정하면서도 이를 감추는 효과가 있다. 이것이 사실이라면 전시 관계자들이 일종의 속임수를 쓴 것인데 국립중앙박물관에서 이를 걸러내지 못한 책임이 있다.

* * *

전권 '1부 글을 마치며'에서 바이러스가 창궐하는 시대에 맞서 면역력을 키우는 삶이 필요하다고 했는데, 면역력을 키우려면 어떻게 해야 할까?

격암유록에서는 수행을 강조한다. 그러나 현실의 삶은 물질 만능주의 시대의 큰 흐름에서 벗어나 수행하는 삶을 살아가기가 대단히 어렵다. 물질 만능주의 시대에 경제적 안정 없이는 심리적 안정을 얻기 어렵고, 현실적으로도 수행에 필요한 시간을 확보할 가능성이 작아진다. 생활 속에서 수행을 해 나가는 것은 뛰어난 심성과 의지의 소유자만이 가능하고, 대부분의 사람은 직접 수행을 실행하는 데 시간이 필요하다.

도시화에 따른 복잡성과 몸 움직임이 적은 현대의 삶은 수행과는 거리가 멀다. 과거, 시골에 사람들이 모여 살 때는 자연 속에서 맑은 공기와 물을 접하며 차분하게 살았기에 심리적 안정을 취하기 쉬웠다. 별도의 시간을 내지 않더라도 생활 속에 적절한 몸 움직임이 있었고 관조하는 삶을 살기도 쉬웠다. 또한, 강력한 사회 규범과 규율이 작동해 죄를 짓지 않고 살아가기에도 좋은 환경이었다.

어린 아이들이 하루 종일 밖에서 뛰어놀아도 문제가 없어 강건한 건강의 초석을 다질 수 있었다.

그러나 지금은 그렇지 않으므로 이제는 현대에 맞는 새로운 규범이 탄생할 시기인 듯하다. 현대의 도시화된 삶은 구성원의 건강을 해쳐 결국에는 소멸하게 만드는 구조인 듯하다. 그렇다면 과감히 도시화로 얻는 이득을 줄이고 자연적인 삶과 적절히 조화하는 삶으로 전환해 갈 필요가 있다.

* * *

이러한 대전제하에 면역력을 기르는 데 긴요한 것은 일상생활을 어떻게 해 나가는지가 될 것이다.

먼저 음식은 입 사치를 버리고 곡·채식 위주의 전통적이고 소박한 음식을 섭취해야 할 것으로 생각된다. 곡·채식 위주의 식사는 심성을 순화시킨다. 육식 위주의 식사는 왕성한 활동력을 유지하게 하는 장점이 있으나 심성이 거칠어지는 측면이 있다.

요즘 아이를 기르는 부모들이 음식을 섭취할 때 주안점을 두는 부분은 심성보다 키의 성장인 듯하다. 키를 중시하는 것은 생존에 유리하다는 잠재적인 판단 때문일 것이다. 이런 생각은 상대와 겨루는 현대 스포츠에서 형성된 것일 가능성이 크다. 농구, 배구는 말할 것도 없고 유도, 레슬링, 권투 등 격투기 종목에서도 키와 덩치는 중요하다. 체급을 나누어야 할 정도로 큰 덩치가 절대적으로 강한 힘을 발휘한다.

영화 〈300〉은 이런 관점이 가장 잘 반영되어 있다. 그러면 정말 큰 키와 덩치가 전투에 유리하기만 할까? 영화 〈300〉의 내용을 검증해 보자.

과거 전쟁사에서 큰 덩치의 서양인이 상대적으로 왜소한 동양인을 전쟁에서 이기기 시작한 시점은 서로 떨어진 채 싸우는 총·포가 등장한 이후인 듯하다.

총·포가 등장하기 이전 시대에 훈족이나 몽골의 침입처럼 동양이 서양을 힘으로 정복하는 큰 사건은 있으나, 서양이 동양을 정복한 역사는 찾기 힘들다. 이는 큰 키와 덩치가 전투에 유리하지 않다는 역사적·경험적 증거라 할 수 있다.

왜 이런 결과가 생겼을까? 이는 전투에서 승리할 수 있는지 여부에 전적으로 달려 있다고 할 수 있다. 동양인이 서양인을 전투에서 이긴다는 것인데, 왜 그럴까? 정확한 것은 더 연구가 필요하지만 추측해 보면 작고 민첩한 동양인이 크고 힘이 세지만 민첩성이 떨어지는 서양인에 비해 칼을 든 싸움에서 유리하다는 것이다.

일본이 전국 시대를 거치며 싸움에 익숙해졌기도 했지만, 임진왜란 때도 작은 왜인들과 검술 대결에서 이기기 어려웠다고 한다. 칼을 휘두르기 어려울 정도로 몸을 밀착하는 백병전에서도 작고 민첩한 것이 큰 덩치를 가진 것보다 유리한 듯하다. 그 이유는 사람은 치명적인 급소를 지니고 있기 때문이다. 그리스 신화에 등장하는 아킬레스건은 급소를 상징적으로 나타내는 것으로 해석되는데 눈과 목, 남성의 낭심이 여기에 해당한다. 뒤꿈치인 아킬레스건은 공격하기 어려우나 이들 급소는 가격하기 적절한 위치에 있다. 힘이 세지만 민첩성이 떨어지는 큰 덩치보다 민첩하고 지구력이 좋은 작은 덩치가 더 유리한 이유가 여기에 있다.

그래서 동양 무술은 이런 급소들을 방어하는 동작을 우선으로 익히며, 동시에 공격하는 권법을 익힌다. 태권도의 아래막기도 이에 해당한다. 현대 종합 격투기에서는 태국 무에타이의 날렵한 발차기가 큰 덩치 앞에서 거의 힘을 발휘하지 못하는 것을 볼 수 있다. 그런데도 서양인이 동양인의 발차기를 본능적으로 두려워하는 것은 이 때문인 듯하다.

영화 〈300〉은 이런 사실이 배제된 채 좁은 링 안에서 오직 힘만으로 겨루는 현대의 스포츠처럼 전쟁 장면을 묘사하고 있다.

현대 스포츠에 편입된 격투기는 치명적인 급소 공격을 일체 금한다. 김두한을 위시한 주먹 패가 활동할 무렵 '평양박치기'라는 별명을 가진 사람이 있었던 것에서 알 수 있듯이 머리 공격은 강력한 힘을 발휘한다. 이런 공격을 모두 배제하므로 힘이 강하고 덩치가 큰 사람이 절대적으로 유리할 수밖에 없다.

이런 영향으로 큰 키와 덩치가 경쟁과 생존에 유리하다는 잠재적 의식이 자리 잡게 되고 사람들이 큰 키를 선호하게 된 듯하다. 지금 서양이 강한 것은 덩치가 커서가 아니라 선행해 과학 기술을 발전시킨 두뇌 때문임을 명확히 알 필요가 있다.

* * *

영양이 좋아지며 자연스레 평균 신장이 커진 것은 좋으나 문제는 식습관이 우리의 전통 음식인 곡·채식과 발효 식품 위주의 식사에서 자꾸 벗어나고 있다는 점이다. 심성을 순화시킬 수 있는 음식의 섭취라는 관점에서 보면 부작용이 발행한 것이다.

건강에도 큰 문제가 있는데, 최근 20대, 30대에 병으로 요절하는 사람들의 소식이 자주 보도되고 있다. 얼마 전까지만 해도 어릴 때 병으로 죽는 경우는 있으나 스무 살이 넘어 젊은 나이에 병으로 죽는 경우가 많지 않았음을 고려하면 상당 부분 음식에 기인한 것은 아닐까 추정된다.

이 추정이 바르다면, 유사한 상황인 젊은 세대 상당수도 건강상 문제가 있을 수 있고, 나이가 들어감에 따라 건강을 잃는 사람이 많아질 수 있다.

우리 전통 식단을 지키는 부모도 많지만, 그렇지 않은 가정도 많다. 이 점을 크게 반성해야 하며, 젊은 세대는 이런 문제점을 인식하고 스스로의 몸 상태에 대해 연구하고 건강을 증진시키려는 노력을 지속해 나가야 한다. 육체적으로 힘들지 않으면 육체적 노동은 짜증을 유발하지 않는다. 체력이 강하면 요즘 많이 제기되는 명절 증후군 등의 문제도 크게 완화될 수 있다.

필자는 어릴 때 간호 검사에서 많은 충치로 나중에 고생 좀 할 것이라는 말을 들었다. 실제로 성인이 된 이후 많은 고생을 하고 있다. 부모 말을 안 듣고 이를 안 닦았기 때문인데, 당시는 위생 관념이 지금과 같지 않은 때이기는 했지만 엄하게 해서라도 이를 닦게 할 필요가 있었다고 생각된다. 지금은 모두 이를 잘 닦지만 음식을 선택하는 데 있어 많은 문제가 있다.

면역력을 기르는 것은 이처럼 사소해 보이는 일상생활을 어떻게 해 나가느냐에 출발점이 있음이 분명하다.

적절한 몸 움직임도 면역력을 기르는 데 필수 불가결한 요소다. 운동은 피를 전신에 보내는 것이라 할 수 있다. 피가 고루 순환되지 않으면 문제가 발생하게 된다.

한편 운동은 무리하지 않는 것도 중요하다. 지나치게 빠르거나 강한 운동은 육기를 소모해 젊을 때는 탄력이 있으나 나이 들면 고생하게 된다. 사람은 말년운이 좋아야 한다고 한다. 젊어서는 기운이 왕성해 어떤 식으로 살아도 즐거울 수 있지만 나이가 들면 활동력이 위축되며 고립감을 느끼기 쉽다. 당장 지금 굶고 있으면 며칠 전 잘 먹었던 것이 아무런 의미가 없는 것처럼, 삶도 말년이 피폐하면 과거의 영화는 위로가 되지 않는다. 삶 전체를 잘 살아 내는 것이 중요하다.

* * *

죽음과 관련해 고려장의 의미를 생각해 볼 필요가 있다. 고려장은 일반인의 죽음이 아닌, 때를 알고 스스로 죽음을 선택하는 도인이나 현자들의 이야기가 와전되어 전해진 것일 수 있다. 개는 때가 되면 스스로 먹는 것을 끊고 죽음을 맞이한다. 이는 다른 동물도 마찬가지인 듯하다. 마르고 가벼워진 몸으로 삶을 마감하는 자연적인 동물의 죽음처럼 때를 아는 도인들도 곡기를 끊으며 유사한 죽음을 맞이했던 것으로 추측된다.

요즘은 살이 쪄서 고민하는 사람이 많다. 이와 관련해 다이어트에 대해 생각해 보자.

음식이 넘치는 상황이라면 다이어트의 핵심은 '어떻게 적절한 양의 음식만을 섭취하는가?'라는 것이다. 한의학에서는 인간의 감정을 오장육부에서 관할한다고 한다. 과도한 음식을 요구하는 것은 이들 장부의 욕심 때문이다. 부족할 때를 대비해 필요 이상으로 최대한 비축하려 한다는 것이다. 이 욕망을 다스려야 음식을 조절할 수 있다는 것이 결론이다.

사람이 에너지를 얻는 방법은 호흡으로 얻는 천기와 음식에서 얻는 지기를 통해서라고 한다. 천기로 얻는 에너지가 충만해지면 장부가 안심하므로 음식을 통해 에너지를 저장하려는 욕망에서 풀려나게 된다. 다른 말로 하면 속이 든든함을 느끼면 음식 조절이 가능해진다는 것이다.

천기를 더 충실하게 얻는 방법은 깊은 호흡을 하는 것인데, 이는 일반 운동을 통해서도 어느 정도 가능하지만, 깊은 심호흡을 직접 시행하는 단전호흡을 하는 것이 좋다. 그러나 단순한 심호흡만으로는 안 되고 정확한 방법의 단전호흡을 하는 것이 필요한데, 국선도 단전호흡을 추천한다. 당장 실행이 어렵더라도 가능한 때를 기약할 필요가 있다.

* * *

면역력을 기르는 데 좋은 운동의 예로는 등산을 들 수 있다. 한때는 청년 시기에 지리산 종주를 하는 것이 필수 코스처럼 여겨진 적이 있었는데, 지금 젊은 사람들은 산에 가지 않는다. 더 큰 문제는 산에 갈 체력이 되는가 하는 것이다. 서양은 어릴 때부터 체육을 중시해 운동을 많이 시킨다고 한다. 우리는 서양의 도시화와 문화를 받아들이면서도 이런 장점은 배우지 않아 큰 문제가 되고 있다. 어릴 때 몸이 약하면 성장하면서 더욱 운동에서 멀어지게 된다. 어릴 때 체력이 갖춰지면 성장하며 운동을 찾게 되며, 성인이 되어서도 운동을 지속하거나 산을 오르게 된다. 어릴 때는 건강을 위해 뛰어노는 것이 가장 중요한데, 지금은 그것을 놓치고 있다.

등산을 위해서는 산이 자연적인 상태로 유지되는 것도 중요하다. 산에 도로를 내거나 케이블카를 설치하면 굳이 걸어서 산에 올라야 하는지 회의를 가지게 된다.

지리산을 관통하는 성삼재 도로는 자연 상태로의 복원이 필요해 보인다. 지리산을 생각할 때마다 어깨에 큰 상처가 난 것 같다. 이 도로는 지리산 전체의 자연미를 감쇄하고 있다. 어떻게 이런 도로를 낼 생각을 했을까?

지역 이기주의 때문으로 생각되는데, 이런 결정은 전 국민의 의견을 수렴해 국가 차원에서만 가능하도록 해야 할 필요가 있다. 영산 설악산에 케이블카를 설치하려는 시도는 우리 민족이 산에서 얻는 영감에서 점차 멀어지려 함을 시사한다. 지방 자치 단체에 국립공원 내의 산에 대한 정책을 맡겨서는 안 된다.

우리의 지방 자치에 많은 문제점이 있음이 곳곳에서 지적되고 있다. 미국처럼 넓은 국토는 분할해 통치하는 것이 효율적이다. 그러나 충분히 중앙에서 통제 가능한 넓이의 국토를 행정력이 부족한 지방에 맡기는 것은 비용만 낭비될 뿐 효율성이 떨어진다.

현재 지방에서 대도시로 인재가 꾸준히 유출되고 있다. 서울에는 지방 자치 단체에서 운영하는 학숙이 곳곳에 설치돼 있다. 이는 인재 유출을 지원하는 것과 같다. 인재 유출을 막으려는 의지조차 없는 것이 현실이다. 이처럼 인재들을 꾸준히 유출하면서 지방 자치가 효율적으로 이루어지리라는 기대는 하기 힘들다.

다량의 선사 유물이 출토된 춘천 중도를 훼손하는 데 앞장선 것도 지방 자치 단체다. 이런 대규모 유적지는 국가 단위의 전문가들이 결정권을 가지고 방침을 정해야 하는데, 전문성을 갖추기 힘든 소규모의 행정력을 지닌 지방 자치 단체에 결정권을 주는 것은 잘못된 결정에 이르기 쉽다.

* * *

사회 분위기가 향락으로 흐르는 것은 면역력을 기르는 데 가장 불리한 조건이다. 수행하는 삶과 더불어 충분한 휴식과 적절한 운동으로 몸을 건강하게 하는 데 소요될, 그렇지 않아도 부족한 시간을 빼앗기게 된다.

세계가 가까워지며 생기는 문제 중 하나가 각 국가가 전통적으로 지켜 온 도덕률이 서로 충돌한다는 점이다. 아마존에서 원시 부족처럼 사는 곳도 모두 나름대로의 질서를 지키며 살아가는 것을 볼 수 있다. 그런데 다양성에 취하면 다른 지역의 사례를 들며 전통적인 가치관을 모두 부정하는 우를 범하게 된다. 이는 분명한 가치관과 입장을 지니고 세계의 문물에 접해야 하는 이유다.

그 예로 영화를 살펴보자. 서양 영화에서는 흥행 요소로 성적인 장면을 의도적으로 많이 삽입하는 듯하다. 반면 동양의 영화는 성적인 장면이 등장하지 않는 경우가 많다. 과거 우리나라에도 그런 영화가 많았는데 지금은 서양 영화를 많이 따라가고 있는 듯하다.

많은 국제 영화제에서 수상한 영화 〈기생충〉에도 미성년자를 성적 대상으로 삼는 장면이 아무런 맥락 없이 등장한다. 힘들여 아르바이트하는 대학생들이 전혀 직업윤리가 없는 사람으로 비치는 것도 문제다. 이런 장면들이 스스럼없이 등장하고 아무런 비판도 받지 않는 것은 서양의 영향 외엔 설명할 수 없다.

그러나 한편으로 서양은 초등학교 1, 2학년 때는 지식의 습득보다 사회에서 지켜야 할 예절과 규범 교육에 치중하는 등 나름대로의 윤리가 확실하다. 성경에 의거하는지는 불분명하나 기독교에서 유래된 직업윤리도 강하며, 정직함이 중요시된다. 물질문명의 극성에 따라 많이 약화되었지만 이런 바탕이 있으므로 자유분방한 듯하나 균형을 이루는데, 이런 부분은 배우지 않고 외면적인 것만 받아들이고 있는 것은 아닌지 반성해 볼 필요가 있다.

영화 〈기생충〉은 빈부격차라는 주제를 다루는데, 다소 허술한 부분이 있는 듯하다. 그런데도 이에 대한 지적이 없는 것은 사회의 집단 지성이 약화되고 있기 때문은 아닐까 생각한다.

영화의 전개에 중요한 위치를 차지하는 반지하방의 묘사에도 사실과 일치하지 않는 부분이 있다. 도시에는 반지하방이 많이 있으나 창을 신문지로라도 가리지, 내부가 환하게 들여다보이게 그냥 두는 경우는 없다. 이 점에서 그 장면들은 어색했다.

부잣집에서 집사로 근무하면 당연히 일정 급여를 받을 것인데, 햇빛이 전혀 들지 않아 금방 병이 들게 마련인 지하실에 숨어 살게 한다는 설정도 현실성이 없다.

이와 더불어 다음의 장면도 매우 어색했다. 영화에서 지하실 입구는 넓은 거실에서 방 하나를 지나 있는데, 거실에서 가볍게 발로 차니 지하실 계단으로 굴

러떨어진다.

   소설처럼 가공을 다루는 영화라 하더라도 무거운 사회 문제를 다루려면 빈틈이 적어야 한다. 배우들의 연기력 등 여러 요인으로 상을 받았겠지만, 이러한 사실들에 대한 지적도 함께 있어야 하는데 그저 환호만 하는 것은 사회 전체의 지성 약화로밖에 볼 수 없다.

* * *

   서양은 음양 이론에 따르면 양에 해당해서 외향적이며, 공부도 토론을 위주로 한다. 육체가 강조되며, 노출도 자연스레 받아들인다. 반면 동양은 음에 해당해 내면적이며, 정신세계를 추구한다. 서로의 장점이 적절히 조화되면 가장 바람직할 것인데, 현재는 서양의 정치, 경제적 융성으로 인해 서양의 문화가 일방적으로 동양에 전파되고 있어 문제다.

   성경에 나오는 바벨탑 이야기는 무분별한 융합이 도덕적 아노미 현상을 불러일으킴을 경계하는 것일 수 있다.

* * *

   대부분의 사람은 다양한 욕망의 유혹에 약하다. 따라서 사회가 지탱해 주지 않으면 유혹에서 헤어 나오기 어렵고 죄에 빠지기 쉽다. 죄를 지어도 뉘우치고 회개하면 용서받는다는 성현의 말씀도 이 때문일 것이다. 건전한 사회라야 신종 전염병이 유행하더라도 면역력을 기르는 생활을 지속하고 대처해 나갈 수 있을 것이다.

* * *

코로나 바이러스뿐 아니라 기상 이변, 메뚜기 떼의 창궐로 세계 각국이 식량 수출을 제한할 가능성이 크다고 한다.

우리나라는 인구 밀도가 높다. 인구 천만 명 이상의 국가를 대상으로 하면 세계 3위다. 산지가 많고 농토가 적음을 감안하면 세계적 식량 위기가 닥칠 때 굉장한 혼란이 발생할 수 있다.

이때를 대비해 사태가 안정될까지 가정마다 적당량의 식량과 물자를 비축해 둘 필요가 있어 보인다. 이를 사재기라 하는 사람이 있는데 사재기는 매장의 물자가 동나도록 한꺼번에 몰려드는 것을 말하며, 오히려 물자를 미리 비축해야 사재기를 막을 수 있다.

코로나 바이러스의 위기가 지속될 가능성이 있다는 예상이 나온다. 단기적으로 해결하려 일시에 자원을 쏟아붓기보다 어려워지는 상황에 대해 수용할 것은 수용하며, 장기적 관점에서 대비해야 할 것으로 판단된다.